はじめに

1 本書について

本書は、法的な内容を含む文章が読み手に向けて正確に分かりやすく伝わるようにするためのヒントを、まとめたものである。法的な内容を含む文章としては、法令、行政文書、裁判文書、契約書などだけでなく、それらを解説する文章、民間企業を含めた一般社会における意思伝達の手段となる文章、法学の試験答案やレポートなどに期待される文章、なども想定している。

本書では、そのような文章を「法律文章」と呼んでいる。

法律文章の書き方、そして、その前提として、法律文章の読み方、を取り上げている。

本書の特徴を挙げると、次のようになるであろう。

- 条文の読み方や扱い方の基本を解説した。
- 公用文の標準的なルールを解説した。
- 法律文章を書く際の私個人の心掛けを紹介した。

第3点は、私個人の心掛けを紹介するだけであり、それが正しいと主張するものではない。様々な考え方があるものと思う。

私自身が不完全な人間である。本書を構想し執筆しながら、最近を含めて過去に自分が書いた文章を反省することも多い。今後も、気を抜いてしまった場合や、寄稿する媒体のルールに合わせようとする場合など、本書とは異なる流儀で書くこともあると考えられる。本書の中にも、矛盾は見付かるかもしれない。

それでもなお本書を執筆するのは、法律文章を正確で分かりやすいものとすることが、複雑化した現代における必須の課題であると

考えるからである。頭脳・労力・時間は、不正確な文章や難解な文章を読み解くために使うのではなく、有益なことに振り向けるべきではないか。そうであるとすると、正確で分かりやすい文章を書く技法は、社会にとっての必須のインフラとなるはずである。

2 正確で分かりやすい文章

正確で分かりやすい法律文章とは、読み手に理解され、信頼され、行動の指針とされる文章である。読み手が、速く正確に読めて、早く的確な理解に達することができるようにする。読み手を迷わせない、ということでもある。それによって削減される労働時間やストレスは、膨大な量となるであろう。

読み手に伝わるか、が、最も大切な基準となる。読み手の立場に立って、伝わるかどうかを常に省察する必要がある[1]。

本書では、読み手の幅を広めに考える。法律文章を熟知した者だけでなく、これに興味を持って接しようとする者、例えば、学生や、法的なことに接する機会のある職業人なども念頭に置いている。

読み手の幅を広めに考えるというのは、読み手のイメージは抽象的なままでよいということではない。幅を広く取りつつ、その場その場の状況や文脈に応じ、読み手はどのような人たちかということを具体的にイメージして、その上で書く[2]。もちろん、書籍の全

[1] 結城浩『数学文章作法 基礎編』(筑摩書房(ちくま学芸文庫)、平成25年)は、「読者のことを考える」という方針を掲げ(同書12頁)、その際、「読者の知識」「読者の意欲」「読者の目的」の3点を考える必要があるとしている(同書18頁)。
[2] 具体的な読み手を意識し、「切り口」を適切に検討することの重要性を強調するものとして、中村直人=山田和彦『弁護士になった「その先」のこと。』(商事法務、令和2年)114頁。同書112頁は、昔と異なって人の動きが多いため、ある法分野の少し前の出来事でも読み手は知らない可能性が高まっていることを指摘する。

体を通して特定の読み手を意識する、という方法もあるが[3]）、本書では、書籍全体としての幅は、広めに取る。法的な事柄は、立法・行政・司法の各分野に広がっており、それらに関係する人々も多様で、それぞれが出会う状況や文脈には無限の広がりがある。

　「分かりやすいもの」を攻撃し、軽んじる風潮は根強い。たしかに、分かりやすさを旗印とするものは、しばしば、不正確であり、時には、意図的に不正確な情報を流布させようとするものもある。

　しかし、「分かりやすいもの」を攻撃し、軽んじる風潮は、分かりにくいものが分かりにくいままで安住し、改善努力をしない、という結果を、同時に、もたらしている。正確であることと分かりやすいこととは、完全に同居することはできないかもしれないが、状況や文脈に応じた適度のバランスを保ちながら共存できるはずである。「分かりやすいもの」を攻撃し、軽んじる側の文章が、その意味での合格点に達していることは、残念ながら少ない。

　少しばかり分かりにくくても理解できる、と主張する人もいるであろう。それは、その人の頭脳における処理能力が高いからである。しかし、世の中は、そのような人ばかりではない。また、高い処理能力があるのならば、それを他のことに使えば、その人にとっても、世の中にとっても、有益である。「世界は複雑であり、人間の持ち時間は少ない。」[4]）。

　本書では、条文の一言一句をどう読むか、書く場合にどの用語を使うか、漢字か平仮名か、といった「細かいこと」に触れることに

3）　裁判所に提出し裁判官に読んでもらうことを意識した例として、中村直人『訴訟の心得』（中央経済社、平成27年）46〜57頁、木山泰嗣『新・センスのよい法律文章の書き方』（中央経済社、平成30年）。

4）　野口悠紀雄『「超」文章法』（中央公論新社（中公新書）、平成14年）「第5章 化粧する（1）──わかりにくい文章と闘う」の一文である（同書184頁）。

なる。正確で分かりやすい文章は、そのような「細かいこと」の積み重ねがあって初めて、生まれるからである。そのような意味で、「神は細部に宿る」[5]。

3 「公用文作成の考え方」について

本書は、公用文に関する現在の標準的なルールを書き表した「公用文作成の考え方」を参考としている。これを一つの有力な参考としつつ、私が法律文章を読んだり書いたりする中で気付いた多くのことを加味した。その意味で、本書は、「公用文作成の考え方」を、多くの例に即して説明した解説書ともなっている。「公用文作成の考え方」は、本書では、「公用文考え方」と略称して引用する。

公用文、というだけで、否定的な反応が出てくることもある。堅苦しい、という反応や、自分は在野で独立した職業人であるからそのようなものに従う義務はない、という反応などである。たしかに、表現の多様性は大切である。公用文のルールだけが正しいと主張するつもりはない。

しかし、そのような否定的反応は、往々にして、公用文のルールに関する基本的な事項を知らないことに起因している。主に、次の2点が十分には知られないまま、否定的反応が起きている。

- 公用文考え方は、一定の標準的な線を提示しつつも、多様な場面を想定し、柔軟な修正を許容する内容となっている。
- 公用文考え方は、令和4年（2022年）、約70年ぶりに一新された。

5）　結城・前掲注1）『数学文章作法　基礎編』28頁。

公用文考え方は、法令、行政文書、裁判文書で広く通用している。まず、文化審議会建議という形でまとめられた（令和4年1月7日）。これを受けて、内閣官房長官が、「各国務大臣」に宛てて、公用文考え方が現代社会における公用文作成の手引としてふさわしいとして、管下職員への周知について配慮するよう要請した（令和4年1月11日）[6]。これによって、国の行政機関における正統性が与えられたことになる。そのような公用文考え方は、地方行政においても参考とすることが期待されているであろう。裁判所でも、これを執務の参考としているようである。

それ以外の世界にいる者は、公用文考え方に従う義務があるわけではない。しかし、公用文考え方がそれなりに通用している世界にいる人たちに理解されやすく信頼されやすい文章とするための知識を持っておくことは、有益なのではないかと考えられる。

公務員試験、司法試験、司法試験予備試験などの試験問題も、基本的に、公用文のルールに準拠して書かれている。

4 本書の構成

本書は、次の五つの章に分ける。

「**第1章 入門**」は、法律文章の入門である。法律の勉強を始めたばかりの学生などの初心者が、法律文章を読もう、書こう、とする状況を想定して、最初にまずこれだけは、という基本をまとめる。条文の読み方や扱い方の基本的な点も、それに含まれる。

「**第2章 文書**」は、作成しようとする文書の全体に対するマク

6）　内閣官房長官「「公用文作成の考え方」の周知について」（内閣文第1号、令和4年1月11日）。

ロの視点からのヒントを述べる。本書では、文章を読み手に提示するために一つの塊としたものを「文書」と呼ぶ。

「第3章　文」は、一つ一つの文に的を絞って、それを明瞭に書くことに重点を置く。第2章と第3章が、公用文考え方では、「III　伝わる公用文のために」に相当する。

「第4章　用語」では、文よりも更に小さな単位である用語に焦点を絞る。公用文考え方では「II　用語の使い方」に相当する。

「第5章　表記」では、漢字の使い方、送り仮名の付け方、数字や符号の使い方、といったことを述べる。公用文考え方では「I　表記の原則」に相当する。

第2章～第5章は、公用文考え方の構成を参考としつつも、ミクロからマクロへ、でなく、マクロからミクロへ、の順で取り上げる。それぞれについて、公用文考え方の主な内容を解説するほか、私の経験や考えを多数加えている。

第1章は、それより前の段階、すなわち、基本中の基本である。そういったことを言葉にして説明するのも、本書の特徴の一つである。条文の読み方や扱い方が中心となる。基本的な点に絞り、説明抜きで何かを前提としてしまうことが少ないように留意しながら解説する。

目　次　c o n t e n t s

凡　例

● 本書の中でのクロスレファレンスは、次のようにする。

> ▸ 前出の箇所を指す場合は、「（◂○○○頁）」とする。

> ▸ 後出の箇所を指す場合は、「（▸○○○頁）」とする。

● 次の【略語一覧】のように略語を用いるほか、法令等の略語は、初出箇所に脚注を置き、その後は断りなく用いる。

【略語一覧】

公用文考え方

> 文化審議会「公用文作成の考え方（建議）」（令和4年1月7日）これに、「（付）「公用文作成の考え方（文化審議会建議）」解説」が付けられている。「公用文作成の考え方」との間で、見出し番号が揃えられている。特にこの「解説」を指し示したい場合は、例えば、「公用文考え方Ⅱ-3解説」のように引用する。

法令漢字使用等

> 「法令における漢字使用等について」（平成22年11月30日内閣法制局長官決定）

ワークブック新訂第2版

> 法制執務研究会編『新訂　ワークブック法制執務　第2版』（ぎょうせい、平成30年）

　公用文考え方や法令漢字使用等は、インターネットで入手可能である。文化庁『新訂第二版　公用文の書き表し方の基準（資料集）』（第一法規、令和4年）は、関係資料を網羅的に収録している。

　ワークブック新訂第2版は、内閣法制局に関係する執筆者によるものであり、官公庁で広く参照されているようである。

第**1**章 入門

　この章では、法律文章を読んだり書いたりするための基本を、最小限の範囲で、述べる[1]。

1　条・項・号

(1) 条

　法令の条文が、一度も改行されることなく延々と続いたのでは、読みにくい。

　そこで、まず、ある程度の意味の塊ごとに分けるという作業が行われる。

　そのような区分によって生成される塊が、「条（じょう）」である[2]。

> **条の例（民法）**
>
> 　　（成年）
>
> 　第四条　年齢十八歳をもって、成年とする。

　上記の例における「（成年）」は、「見出し」という[3]。

　上記の例における「第四条」は、「条名」という[4]。

　上記の例は、「e-Gov（イーガブ）法令検索」からコピーしたものである。e-Gov 法令検索は、国の法令について、国の府省庁が確認したデータを提供するウェブ上のデータベースである。信頼性は高い。

----

1) これと同様の出発点から、法学入門や判例の学び方などに読者をいざなうものとして、道垣内弘人『プレップ法学を学ぶ前に 第 2 版』（弘文堂、平成 29 年）。
2) ワークブック新訂第 2 版 192 頁。
3) ワークブック新訂第 2 版 186～191 頁。
4) ワークブック新訂第 2 版 815 頁。

「法令」とは、憲法、法律、政令、条例などの総称である[5]。文書や文脈によっては憲法を含まないこともあるが、本書では、憲法を含むものとする。

国の法令の原文は縦書きであるが、e-Gov 法令検索は、ウェブ上の媒体であるから、縦書きの原文をそのまま横書きにしている。

原文が縦書きであるから、数字は、漢数字である。これを横書きにした e-Gov 法令検索においても、数字は、原文どおり、漢数字のままである。上記の例では、「年齢十八歳」となっている。

それに対し、通常の横書きの法律文章では、条文を引用する場合を含めて、数字は算用数字とするのが通例である。「年齢18歳」と表記される。e-Gov 法令検索のように原文への忠実度を優先するのでなく、読みやすさを優先しているからである。

条名の数字も同様である。e-Gov 法令検索では、原文の漢数字のまま、「第四条」となっている。通常の横書きの法律文章では、「第4条」とされる。

本書は、法令の条文を引用する際には、e-Gov 法令検索に合わせて漢数字を用いる。「年齢十八歳」のように引用する。本書は、横書きの文書ではあるが、表記を解説する文書でもあるからである。

引用でなく地の文である場合には、本書でも算用数字を用いる。民法第4条は年齢18歳をもって成年とすると規定している、というようにである。

数字を算用数字で表記する文書においても、例外的に漢数字のままとすべき数字もある（➡ 186〜189 頁）。一例として、「第三者」がある。

5） ワークブック新訂第 2 版 1 頁。

(2) 項

項の概要

条の意味を理解しやすくするためには条を更に区分したほうがよい、ということも多い。

そのような場合に条を複数の段落に区分するとき、それぞれの段落を「項」という[6]。

項の例（民法）

（虚偽表示）

第九十四条　相手方と通じてした虚偽の意思表示は、無効とする。

2　前項の規定による意思表示の無効は、善意の第三者に対抗することができない。

「相手方と……無効とする。」は、「第1項」と呼ばれる。

「前項の規定による……できない。」は、「第2項」と呼ばれる。

原文では「1」という項番号は付けられない

上記の例の「2」のような算用数字を、「項番号」という[7]。

法令の原文は官報に掲載されるが、そのような原文においては、「2」という項番号は付けられるが、「1」という項番号は付けられない。項は、条や号ほどの独立性を認められていないからである、などと説明される[8]。条や号では、第1条や第1号から番号が付けられるので、それと対比しているのであろう。

6）　ワークブック新訂第2版192〜193頁。

7）　ワークブック新訂第2版217頁、816頁。

8）　ワークブック新訂第2版217頁。

この説明が現代において説得力のある説明であるかどうかには、疑問もある。単に、昔からそういうことになっているから、というだけではないかとも思われる。

ともあれ、条や号ほどの独立性を認められていない、と説明され、「1」という項番号は付けられない。そのためか、条では「条名」と呼ばれ、号では「号名」と呼ばれるものが、項においては「項番号」と呼ばれる。

「1」という項番号は付けられないが、「相手方と……無効とする。」は、「第94条第1項」と呼ばれる。

それに対し、条の例として掲げた民法第4条は、段落が一つしかないので、「第4条第1項」とは呼ばれず、単に「第4条」と呼ばれる。

六法での工夫

第2項以下が存在するか否かにかかわらず、第1項には「1」と明記されないので、条の最初の段落を、「第○条第1項」と呼ぶべきであるのか、それとも単に「第○条」と呼ぶべきであるのか、は、その条に第2項が存在するか否かで決まる。つまり、その条の続きを見て、「2」という項番号があるか否かを確認して初めて、分かる。

少し面倒である。

民間の出版社等が作成する法令集を「六法」と呼んでいるが、六法においては、その点の不便さを解消するため、「第○条第1項」と呼ぶべきである場合には、そのことを示すための番号が入っていることが多い。

> **六法において第 1 項にも番号を付けた例（民法）**
>
> （虚偽表示）
>
> 第九四条① 相手方と通じてした虚偽の意思表示は、無効と する。
>
> ② 前項の規定による意思表示の無効は、善意の第三者に対 抗することができない。

　紙の六法は、原文に忠実に、縦書きであることが多い。上記の例 は、紙の六法の縦書きをそのまま横書きにしたものである。

　「①」だけでなく第 2 項以下も常に「②、③、……」とする六法 や、第 2 項以下に項番号が付けられている法令では「①」以外は原 文どおり「2、3、……」とする六法など、様々である。

　民法第 4 条は、第 2 項以下がないので、六法でも、「①」は付け られていないはずである。「①」を付けないことで、「第 4 条第 1 項」でなく「第 4 条」と呼ぶべきことが分かるようにしている。

項に関する補足

　項とは、段落のことである。慣れない者が法令を模倣して私的な 規則を書くと、一つの項の中に複数の段落を置くことがある。あま り体裁は良くない。

（3）号

　段落の中で、何かを列記したい場合、漢数字で番号を付けた 「号」を用いる[9]。

9）　ワークブック新訂第 2 版 193 頁。

号の例（民法）

（錯誤）

第九十五条　意思表示は、次に掲げる錯誤に基づくものであって、その錯誤が法律行為の目的及び取引上の社会通念に照らして重要なものであるときは、取り消すことができる。

一　意思表示に対応する意思を欠く錯誤

二　表意者が法律行為の基礎とした事情についてのその認識が真実に反する錯誤

2　前項第二号の規定による意思表示の取消しは、その事情が法律行為の基礎とされていることが表示されていたときに限り、することができる。

3　錯誤が表意者の重大な過失によるものであった場合には、次に掲げる場合を除き、第一項の規定による意思表示の取消しをすることができない。

一　相手方が表意者に錯誤があることを知り、又は重大な過失によって知らなかったとき。

二　相手方が表意者と同一の錯誤に陥っていたとき。

4　第一項の規定による意思表示の取消しは、善意でかつ過失がない第三者に対抗することができない。

項と違って、号には第1号にも「一」という数字を書く。

上記の例の「一」や「二」のような漢数字は、「号名」と呼ばれる[10]。

上記の例で、第1項に置かれた号は、「第95条第1項第1号」

10）　ワークブック新訂第2版220頁、816頁。

と「第 95 条第 1 項第 2 号」であり、第 3 項に置かれた号は、「第 95 条第 3 項第 1 号」と「第 95 条第 3 項第 2 号」である。

　号名は漢数字で「一」「二」であるが、それらの号を指し示す場合には、横書きなら、算用数字で「第 1 号」「第 2 号」でよい。

　複数の段落に区分されておらず、項と呼ばれるものがない条においても、号が置かれることは、珍しくない。

項と呼ばれるものがない条に号が置かれた例（民法）

　（権限の定めのない代理人の権限）

第百三条　権限の定めのない代理人は、次に掲げる行為のみをする権限を有する。

　一　保存行為

　二　代理の目的である物又は権利の性質を変えない範囲内において、その利用又は改良を目的とする行為

　この場合は、項と呼ばれるものがないのであるから、「第 103 条第 1 号」や「第 103 条第 2 号」と呼ぶ。

　号がある項や条において、号以外の部分を、「柱書き」と呼ぶ。正式の呼称は「各号列記以外の部分」であるが[11]、通常の法律文章では、「柱書き」と呼べば通用する。上記の例で、「権限の定めのない……権限を有する。」は、「第 103 条柱書き」と呼ぶ。第 95 条第 3 項の柱書きは、「第 95 条第 3 項柱書き」と呼ぶ。

　送り仮名を省いて「柱書」と表記する文献も多いが、本書では「柱書き」とする（➡ 179 頁）。

11）　ワークブック新訂第 2 版 370 頁。

(4) 枝番号

枝番号の概要

条が、「第○○条の2」や「第○○条の3」のように、枝番号の形となっていることも多い[12]。

枝番号となった条の例（民法）

（意思表示の受領能力）

第九十八条の二　意思表示の相手方がその意思表示を受けた時に意思能力を有しなかったとき又は未成年者若しくは成年被後見人であったときは、その意思表示をもってその相手方に対抗することができない。ただし、次に掲げる者がその意思表示を知った後は、この限りでない。

一　相手方の法定代理人

二　意思能力を回復し、又は行為能力者となった相手方

枝番号を付けた起草者の頭の中を推測すると、次のようなことであろう。「法改正をして、第98条と第99条の間に新たな条を挿入したい。新たな条を第99条とすると、これまでの第99条が第100条となり、以下の全ての条が繰下げとなる。民法の教科書や関係書類を全て書き直さなければならなくなる。怒る人も出てくるであろう。それは避けたい。」。

そのような悩みを解決するために、枝番号が用いられる。

上記の例は、「第98条の2」と呼ぶ。「第98条の第2」とは呼ばない。

第98条の2も、一つの「条」である。

---

12)　ワークブック新訂第2版482〜484頁。

一つの条であるから、例えば、「第98条の2本文は……、同条ただし書により……」と書かれている場合の「同条」は、第98条の2を指す。

新たな法改正によって第98条の2が置かれても、既に存在した第98条が「第98条の1」になるわけではない。「第98条」のままである。

子分ではない

枝番号が付いた条は、枝番号が付いていない条の子分ではなく、独立した対等の条である。

例えば、独占禁止法[13]第15条の次に、第15条の2と第15条の3があるが、第15条の2と第15条の3は、第15条の子分ではない。第15条・第15条の2・第15条の3の三つの条は、それぞれ、独立した対等の条である。

「第○○条」と「第○○条の2」は、順番が連続しているので、内容的に関係していることは多い。しかし、それは、たまたまのことである。内容的に関係していない組合せも多数ある。例えば、独占禁止法第2条の2は、独占禁止法第2章の冒頭にある。独占禁止法第1章の末尾にある独占禁止法第2条の子分であるとは、考えにくい。第2条と第3条の間に追加されたから、第2条の2とされただけである。

このように、枝番号が付いていても独立の条なのであるから、例えば、第48条の2から第48条の9までの八つの条を挙げたい場合、私は、「第48条の2〜第48条の9」と書くようにしている。

---

13) 私的独占の禁止及び公正取引の確保に関する法律。

「第48条の2〜9」と書くと、一人前でない子分たちがそこにいるかのような空気を漂わせてしまう。もちろん、資料作成の都合で短くすることを優先したい場合に「第48条の2〜9」や「48の2〜9」のような表記をすることを全く否定するものではない。

　以上のことの応用であるが、例えば、独占禁止法の場合、「第15条〜第16条」という表記があり得ることになる。第15条・第15条の2・第15条の3・第16条の四つの条を挙げていることになる。「第15条・第16条」と書くと、何かの理由で第15条の2と第15条の3を除外し、第15条と第16条だけを挙げていることになってしまう。

枝番号に関する補足

　号にも、枝番号が付くことがある。一例であるが、会社法第2条を見れば、号の枝番号の例が見付かる。「三の二」と書かれているものは、「会社法第2条第3号の2」と呼ばれる。「第3号の第2」ではなく、「第3の2号」でもない。

　第3号の2が、独立の号であって、第3号の子分でないことは、条の場合と同じである。

　項には、枝番号は用いられない。「1」という項番号が付けられないことの説明として、項は、条や号ほどの独立性を認められていないからである、とされるが（◀3頁）、それと同じ考えに基づくようである[14]。説明として説得的であるかどうか、疑問がないわけではないが、ともあれ、そのようになっている。

　第43条の2と第43条の3との間に新たな条を置きたくなった

14）　ワークブック新訂第2版484〜485頁。

場合には、「第43条の2の2」という枝番号が登場する。

　改正によって新設された条に、必ず枝番号が付くとは限らない。後続の条が繰り下がっても差し支えないと起草者が判断することがある。また、枝番号のない条に空席がある場合に、新設の条がそこに入ることがある。民事的な差止請求に関する独占禁止法第24条は、後者の一例である。

(5)「第」を書くか省略するか

「第」の概要

「条・項・号」の話の山場に近付いてきた。

　ここまで、条にも項にも号にも「第」を付けてきた。「第4条」「第94条第2項」「第95条第1項第1号」などである。

　「第98条の第2」でなく「第98条の2」とする、というルールは、それとは別の問題である。ここでも、先頭には「第」が付いている。

　しかし、裁判所の判決や、ほとんどの法学教科書などにおいては、「第」を付けず、「4条」「94条2項」「95条1項1号」「98条の2」などとされている。

　裁判所は、最高裁判決を含め、判決などにおいて「第」を省略している。ほとんどの法学教科書などにおいて「第」が省略されているのは、大学において裁判所の判決を素材とした授業がされることが多いということと、関係が深い。「第」を省略するほうが労力が少なくて済むことも確かである。

　したがって、私としても、「第」を省略する表記を否定するつもりは全くない。私自身が、「第」を省略することが多くある。

「第」を省略する場合の心構え

　重要であるのは、「第」を省略する場合にも、正式には「第」が付くのであるということを、知っておくことである。

　そのことが、基本的な条文の理解に直結する例を、掲げる。

「前○項」が現れる例（民法）

　（詐欺又は強迫）

第九十六条　詐欺又は強迫による意思表示は、取り消すことができる。

2　相手方に対する意思表示について第三者が詐欺を行った場合においては、相手方がその事実を知り、又は知ることができたときに限り、その意思表示を取り消すことができる。

3　前二項の規定による詐欺による意思表示の取消しは、善意でかつ過失がない第三者に対抗することができない。

　上記の例で、第3項に現れる「前二項（ぜん）」とは、何を指すか。

　ふだんから無自覚に、「96条1項」「96条2項」「96条3項」などと言っていると、「「前二項」とは96条2項のことである。」と思ってしまうかもしれない。

　誤りである。

　法令の条文では、序数（first, second, third, ...）には、必ず、「第」が付く。「第」が付いていないということは、序数ではなく、基数（one, two, three, ...）であることを意味する。

　この一般論を当てはめると、法令の条文では、「前2項」は、「前に出てくる第2項」という意味ではあり得ない。「第」が付いていない「2項」は、二つの項という意味である。「前2項」は、「前に

出てくる二つの項」という意味となる。上記の例では、第96条第1項と第96条第2項の二つの項を指す。

「前○項」でなく「前○条」や「前○号」の場合も、同じである。

枝番号の付いた条も独立の条であり、枝番号の付かない条の子分ではないのであるから、例えば、独占禁止法第7条の4第2項に書かれている「前二条」は、第6条と第7条ではなく、第7条の2と第7条の3を指す。

以上のようなことについて、丸暗記で対応してしまう方法も、あるかもしれない。「ふだんは「×条○項」というが、「前×条」や「前○項」などの場合には、×条や○項という意味でなく、前に出てくる×個の条や○個の項を指す。」というように暗記してしまう、という方法である。

しかし、基本に立ち返った論理的理解としては、法令の条文において「第」が付かないなら序数ではあり得ず、基数である、と理解しておくほうが、汎用性があって応用が利く。そうすれば、「前2項」だけでなく、様々な事象を一気に理解できる。

大学の法学の授業では、「第」を省略したものばかりに接するのが、むしろ通常である。「第」を省略する裁判事例を取り上げることが、多いからである。

しかし、行政文書においては、基本的に、常に「第」が付けられている。これは、本当に、はっきりしている。もちろん、行政文書でも、ものによっては、「第」を省略していることがあるが、多くのものでは「第」が付いている。

状況に応じた個人の判断として「第」を省略すること自体は差し支えないが、正式には「第」が付くことを知っておいたほうがよい、というのは、以上のようなことである。

「第」を省略する場合の例外

「第」を省略する裁判所の判決においても、例外的に、「第」が付けられることがある。

それは、枝番号の条に続けて項も指し示す場合である。

正式な書き方のとおり、「第」を書くのであれば、例えば、「第7条の2第1項」でよい。

しかし、「第」を常に省略しようとすると、「第7条の2第1項」は、「7条の21項」となってしまう。これは困る。そうかといって、「7条の2 1項」「7条の2、1項」「7条の2の1項」といった解決法も、体裁が悪い。

そこで、このような場合に限って、便宜的に、「第」が使われる。「第」を二つの数字の区切りとして使って、「7条の2第1項」とするのが、裁判所の判決を含めた、「第」を省略する流派における便法である。必要不可欠な範囲で「第」を添えるのであるから、「第7条の2第1項」とはしない。「7条の2第1項」とする。第7条の2第1項第3号は、「7条の2第1項3号」となる。

項がなく、かつ、枝番号が付いている条に、号があって、号も指し示す場合も、同様である。例えば、第7条の6第4号は、「第」を省略する流派においては「7条の6第4号」となる。

なお、全く別の流派で、「第3条2項」といったものを見かけることがある。正式の書き方と省略した書き方を混在させており、かつ、例外的に「第」を使う必然性もない。お勧めしない。

「第」をめぐる本書の方針

本書では、「第」を、省略せず、書くこととする。

ただ、次のようなことには、留意しようと思う。

「第」を付ける作法を徹底するのであれば、五つの条を指そうとする場合、「この5条は……」と書いてもよいことになる。

しかし、多様な読み手がいることを前提とする場合には、そうはいかない。「5条」と書かれていれば反射的に第5条を思い浮かべる読み手は、多い。そのような読み手もいる場合には、「この5条は……」でなく、「この五つの条は……」や「この5か条は……」などと書くほうが、安全である。なお、「五つ」は、「5つ」でもよいとされることも多い（▶187頁）。

本書では、「第」を付けつつ、そのようにする。

2 条・項・号をめぐる基本の続き

ここまでが、法律文章で条・項・号に言及するための最小限の知識である。

以下は、少し、細かくなるが、しかし、やはり知っておくに越したことはない基本的知識である。

(1) イ ロ ハ

号は、項や条の中で、柱書きに続いて列記するためのものであった（◀5頁）。

その、号の中で、やはり柱書きに続いて列記することが必要となることがある。

そのような場合には、「イ、ロ、ハ、……」を用いる[15]。「独占禁止法第2条第9項第5号イ」「行政手続法第2条第8号ハ」などと書く。「イ号」などとは呼ばない。

----

15) ワークブック新訂第2版220頁。

(2)「本文」・「ただし書」

　法令の条文で、まず原則が書かれ、次に、「ただし、」として例外が書かれていることがある。

　「ただし、」で始まる文を、「ただし書_{がき}」という[16]。

　ただし書に先行する文を、「本文」という[17]。

> **本文とただし書の例（刑法）**
>
> 　（他の法令の罪に対する適用）
>
> 第八条　この編の規定は、他の法令の罪についても、適用する。ただし、その法令に特別の規定があるときは、この限りでない。

　それぞれ、「刑法第8条本文」「刑法第8条ただし書」という。

　「柱書き」では「き」という送り仮名を付けたが、「ただし書」では「き」は付けない（● 178 頁、182〜183 頁）。

　原則に対する例外を示す場合だけでなく、例えば憲法第 75 条のように、説明を補足するためにただし書が使われることもある[18]。

　柱書きが本文とただし書に分かれている場合でも、「柱書き本文」「柱書きただし書」と書く必要はない。例えば、「第 98 条の 2 本文」「第 98 条の 2 ただし書」でよい。

(3)「前段」・「後段」

　本文とただし書に分かれている場合のほかにも、条や項が二つの文に分かれていることがある。

---

16)　ワークブック新訂第 2 版 195 頁。
17)　ワークブック新訂第 2 版 195 頁。
18)　ワークブック新訂第 2 版 195〜196 頁。

第 1 文を「前段」といい、第 2 文を「後段」という[19]。

> **前段と後段の例（日本国憲法）**
>
> 第十一条　国民は、すべての基本的人権の享有を妨げられな
> 　　い。この憲法が国民に保障する基本的人権は、侵すことの
> 　　できない永久の権利として、現在及び将来の国民に与へら
> 　　れる。

それぞれ、「憲法第 11 条前段」「憲法第 11 条後段」などという。

流派によっては、全体で一つの文しかない場合にも、文の前半が「前段」と呼ばれ、文の後半が「後段」と呼ばれることがある。

しかし、これは、避けたほうがよいのではないかと思う。第 1 文と第 2 文という意味での「前段」と「後段」という用語は、法令の条文そのものにおいても多く使われている。正式に法令で使われている用語の意味は、曖昧にしないほうがよい。

二つの文があるわけではないのに「前段」と「後段」という呼称を用いる例は、法学の世界に少なからず存在する。そのような例に遭遇したら、上記のことは知識として頭に置きつつ、大人の対応をするのがよい。

（4）項番号のない法令

e-Gov 法令検索で各種の法令を見ていると、項番号が普通の数字であるものがほとんどであるのに対し、一部の法令では、「②、③、④、……」というように、丸数字が付けられている。

---

19)　ワークブック新訂第 2 版 194〜195 頁。

> **e-Gov 法令検索で丸数字が付けられている例（日本国憲法）**
>
> 第六十条　予算は、さきに衆議院に提出しなければならない。
>
> ②　予算について、参議院で衆議院と異なつた議決をした場合に、法律の定めるところにより、両議院の協議会を開いても意見が一致しないとき、又は参議院が、衆議院の可決した予算を受け取つた後、国会休会中の期間を除いて三十日以内に、議決しないときは、衆議院の議決を国会の議決とする。

「2」でなく「②」となっているのは、日本国憲法の原文に項番号が付けられていないことによるものである。そのようなものについて、e-Gov 法令検索が、参照の便宜のため番号を付け、そして、原文どおりではないことを示すために丸数字としている。

項番号がなくとも、その項が第 2 項であることには違いはない。憲法第 60 条の次の第 61 条は、「条約の締結に必要な国会の承認については、前条第二項の規定を準用する。」と規定している。

原文に項番号を付けない、という書き方は、第 2 次世界大戦の終戦直後までのものであり、その後に順次、普通の数字で項番号「2、3、4、……」が付けられるようになった。

制定時に項番号が付けられなかった法令では、改正によって項が新設されても、通常、項番号は付けられない。例えば、独占禁止法も項番号が付けられていない法令であるが、独占禁止法の令和元年の改正で新設された項にも、項番号は付けられていない。

なお、六法では、読み手の便宜のために第 1 項に「①」を付け、第 2 項以下についても「②、③、④、……」としている場合があるが、そのような六法には、原文において普通の数字で項番号が付け

られていても丸数字を使っているものがある（◀5頁）。

（5）見出しのない法令

見出しの概要

　e-Gov法令検索で各種の法令を見ていると、条の冒頭に見出しがある法令と見出しがない法令があることに気付く。

　少し前に引用した刑法第8条の「（他の法令の罪に対する適用）」のようなものが、見出しである。

　そのあとに引用した日本国憲法は、見出しがない例である。

　見出しも、項番号と似た歴史的経緯を持つ。第2次世界大戦の終戦直後までは見出しは付けられなかったが、その後に順次、見出しが付けられるようになった。

　そのようなわけで、項番号があるか否かと、見出しがあるか否かは、おおむね一致しているが、例外もある。例えば、労働基準法では、項番号はないが、見出しはある。

　制定時に見出しが付けられなかった法令では、改正によって条が新設されても、通常、見出しは付けられない。例えば、独占禁止法は見出しがない法令であるが、独占禁止法の令和元年の改正で新設された条にも、見出しは付けられていない。

　六法では、法令の原文に見出しがない場合に、参照や学習の便宜のため、編集委員などが考案した見出しを付けることが多い。原文に付いている公式の見出しでは（　）が用いられるのが通常であるので、それと区別できるよう、【　】や［　　］など、別の種類の括弧が用いられるのが通常である。

> **六法が付けた見出しの例（日本国憲法）**
>
> 第一条【天皇の地位・国民主権】 天皇は、日本国の象徴であり日本国民統合の象徴であつて、この地位は、主権の存する日本国民の総意に基く。

　このような見出しは、参照や学習に役立つものではあるが、公式のものではない。したがって、「このような見出しが付いているということは、この条はこのような意味であると解釈すべきである。」というような解釈論をしても、説得力はない。

　このような見出しは、六法があまりにも厚くならないよう、行数の節約などの観点から、上記の例のように、条名の次に置かれていることが多い。憲法の条文を「第一条」という条名から朗読する、という場合に、特定の専門家が付けた見出しまで併せて朗読すると、朗読の趣旨に合わない可能性がある。

見出しと司法試験用法文など

　以上のようなことは実利のない豆知識にとどまるか、というと、多分、そうではない。

　例えば、司法試験予備試験や司法試験は、法律に基づいて国が実施する試験である。

　したがって、試験場で配布される司法試験予備試験用法文や司法試験用法文では、原文に見出しがない法令には、見出しは付けられていない。

　通常の六法を見ながら、法令には必ず見出しがあるもの、と思い込んで勉強していると、本番の試験場で、いくつかの重要な法令に見出しがないことに気付き、慌てることになるかもしれない。

他方で、そのことを知った上であるならば、ふだんは、編集委員などによる見出しが付けられた六法で学んだほうが、学びやすいかもしれない。

なお、項番号が付けられていない法令についても、司法試験予備試験用法文や司法試験用法文では、e-Gov 法令検索と同様に、丸数字で、第2項以下のみに、番号を付けている。

(6) 歴史の目印

項番号や見出しの話は、歴史の目印ともなっている。基本法令の歴史を簡単に見ることのできる良い機会でもあるので、若干、説明する。

六法で、【 】や［ ］のように、（ ）でない種類の括弧による見出しが付けられた法令を探してみると、例えば、日本国憲法、刑事訴訟法、独占禁止法などが見付かる。

また、（ ）による見出しはあるが、e-Gov 法令検索で項に丸数字が付けられている法令として、労働基準法がある。

これらの法令には、共通の特徴がある。

いずれも、第2次世界大戦の終戦直後、日本を占領した連合国の中心となった米国の強い影響を受けて制定された法令である。

上記のような基本法令は、特に重要なものであった。項番号や見出しは、終戦後、しばらくしてから、順次、付けられるようになった。それに対し、特に重要な法令は終戦直後に制定されたから、項番号や見出しを付けるという慣行が取り入れられるより前に起草された、というわけである。

それより前の法令にも、項番号や見出しはなかった。明治や大正を含む、戦前・戦中の法令である。

しかし、明治の時代に制定され現代でも重要な地位を占める法令には、平成の時代に項番号や見出しが付けられた。句読点がなく片仮名を用いた文語体であったため、現代語化の必要性が高く、現代語化した際に、項番号や見出しも付けられたのである[20]。

例えば、民法第96条は、次のような条文であった。

現代語化の直前の民法第96条

第九十六条　詐欺又ハ強迫ニ因ル意思表示ハ之ヲ取消スコトヲ得

或人ニ対スル意思表示ニ付キ第三者カ詐欺ヲ行ヒタル場合ニ於テハ相手方カ其事実ヲ知リタルトキニ限リ其意思表示ヲ取消スコトヲ得

詐欺ニ因ル意思表示ノ取消ハ之ヲ以テ善意ノ第三者ニ対抗スルコトヲ得ス

現在の民法第96条は、既に掲げた（◀12頁）。

明治の時代に制定された主要な法律は、主に平成の時代に、次のように、現代語となった。

- 刑法は、明治40年に制定されたが[21]、平成7年の改正によって現代語化された[22]。

- 民事訴訟法は、明治23年に制定されたが[23]、平成8年に全部改正された[24]。

....

20)　「平易化」や「現代語化」と呼ばれた取組のうち、刑法のそれが完成した後の時期に刊行された書籍として、松尾浩也=塩野宏編『立法の平易化』（信山社出版、平成9年）。

21)　明治40年法律第45号。

22)　平成7年法律第91号。

23)　明治23年法律第29号。

- 民法は、明治 29 年に制定されたが[25]、主に、平成 16 年の改正によって現代語化された[26]。
- 商法は、明治 32 年に制定されたが[27]、そのうち会社法的な部分が平成 17 年に会社法という新たな独立の法律として制定され[28]、残った部分は、平成 17 年の改正と平成 30 年の改正によって現代語化された[29]。

　平成の時代の、以上のようなそれぞれの機会に、項番号や見出しが付けられた。

　それに対し、日本国憲法、刑事訴訟法、独占禁止法などは、用語や表記が古くなっているものの、現代語で書かれているため、そのまま使われ、したがって、項番号や見出しが付けられないままである。労働基準法も、同様に、項番号が付けられないままである。

　このように、項番号や見出しが付けられていない基本的な法令は、現代では、第 2 次世界大戦の終戦直後に米国の強い影響を受けて制定されたものであることが多い、という歴史の目印となっている。

3　古い用語・表記について
(1) 条文や判決を手本としてよいとは限らない

　法律文章の読み書きをしようとする際、できれば早い時期から、次のことに気を付けたほうがよいと思う。目の前にある条文や判決

----

24)　平成 8 年法律第 109 号。
25)　明治 29 年法律第 89 号。
26)　平成 16 年法律第 147 号。民法のうち第 4 編（親族）と第 5 編（相続）は、昭和 22 年法律第 222 号により現代語で全面改正され、平成 16 年法律第 147 号により見出しと項番号が付けられた。
27)　明治 32 年法律第 48 号。
28)　平成 17 年法律第 86 号。
29)　平成 17 年法律第 87 号、平成 30 年法律第 29 号。

を、手本としてよいとは限らない。用語や表記について、古いルールや慣習によって書かれたものである可能性がある。

　古い用語・表記には、味わいがあるものもあるが、他方で、分かりにくく、親近感を失わせるものもある。

(2) 古い用語・表記の具体例
古い言い回しを用いたもの

　まず、古い時代の色調を帯びた言い回しが、よく見られる。遡って探せば無限にあるが、例えば、次のようなものである。

- 　現代でも根強い代表例として、「かかる○○」がある。「原告のかかる主張は退けられた。」などである。現代では、通常、「原告のこのような主張は退けられた。」とする。なお、それとは違って、「○○についての××」という意味の「○○に係る××」の「係る」は、現代の法律文章でも用いる。

- 　「かような○○」という言い回しが使われることがあるが、現代では、「このような○○」と書くのが普通である。

- 　現代でも根強い他の例として、「これら○○」がある。例えば、「これらの規定」でなく「これら規定」として、「の」を入れない用法である。あまりに根強く、賛否が分かれるかもしれない。ここでは、平成の時代に現代語化された民法と刑法において、「これらの○○」は多数あるが、「これら○○」は１件もないことを、指摘するにとどめる。

- 　「表示をなす」などのように、「する」という意味で「なす」という動詞が用いられることがある。文語体の条文で「表示ヲ為シ」などとなっていたことの名残である。現代では、法令でも、「表示をし」と書く。終止形なら「表示をす

る」である。なお、「為す」でなく、「意味を成す」や「成し遂げる」の「成す」であれば、現代でも使われる。

- 他の例として、「ないし」がある。もし漢字で書くなら「乃至」である（▶ 28 頁）。条文で「○○乃至××」と書かれていれば、「○○から××まで」という意味である。それと同様に、論文などで「○○ないし××」と書けば、「○○」というか、「××」というか、とにかくそのあたり、といった曖昧な意味合いを醸し出すのに便利であり、現代でも人気の言い回しではある。しかし、「そんなこと言ってないし！」の「ないし」と混同される危険がある。

- 現代においては出現頻度が減ったが、かつて幅を利かせたものとして、「けだし」という意味不明の接続詞がある。文脈によって様々な意味で、調子を整えるために用いられたのではないかと思われる。読み手を煙に巻くには便利であるが、煙に巻くつもりがないのであれば、避けたほうがよい。

- 「この○○」という意味で、「本○○」とする表現も、古い言い回しの一種である。例えば、「本報告書」などである。そのようなものの中には、「本件」や「本書」のように、熟語となり、辞書に載っているものもある。本書でも、「本書」を使っている。しかし、例えば、「本会議」「本大会」「本案」は、「この会議」「この大会」「この案」という意味である可能性のほかに、それぞれ、別の意味である可能性もあって、読み手を迷わせやすい。「本プロジェクト」や「本デジタルプラットフォーム」などになると、違和感も高まる。なお、民法や刑法でも、自らを指し示すときは、「本法」や「本法律」でなく、「この法律」としている。

- かつては、判決などに、「右ダンプカー」といった表現があった。縦書きであることを当然の前提とした表現である。現代の判決は、原文も横書きであるから、「上記のダンプカー」などの別の言い回しとされると思われる。

- 日本国憲法を含み、かなり前に起草された法令には、「左の」という言い回しがあった。縦書きであることを当然の前提とした表現である。ほとんどの法令は現在でも縦書きであるが、「次の」という意味であるなら、法令でも、「次の」と書くことになっている（➡ 171 頁）。

- 古い法令で、「左の各号の一に」と書かれ、続いて「一」や「二」といった号名が並んでいると、「各号の一に」とは何か、第 1 号のことか、などと悩む。そうではなく、「一に」とは「一つに」という意味である。現在なら、法令でも、「次の各号のいずれかに」と書く。

「かかる○○」などの古い言い回しを用いるか否かは、突き詰めれば、個人の趣味や好みの問題である。否定するつもりはない。

他方で、そのような言い回しをすることが、広く一般の人々にどのように受け止められるか、ということは、考えたほうがよい。

漢字使用に関する古いルールに基づくもの

新しい法令に見えても、漢字使用に関する古いルールに依拠している場合がある。現在のルールは、平成 22 年の常用漢字表[30]と、それと連動して新しくなった法令漢字使用等である。

以下に、古い漢字使用ルールに基づく表記の代表例を掲げる。

30) 常用漢字表（平成 22 年内閣告示第 2 号）。主な前身として、当用漢字表（昭和 21 年内閣告示第 32 号）、常用漢字表（昭和 56 年内閣告示第 1 号）がある。

- 例外を述べる場合の「但し」という表記が、日本国憲法や刑事訴訟法などに多く現れる。「但」は常用漢字表にもある。しかし、現代の法令では、「但し」でなく、「ただし」と書く。同様に、「但書」は、「ただし書」と書く。刑事訴訟法でも、最近において改正された規定では、「ただし」や「ただし書」という表記が使われている。

- 「すべて」という表記が、例えば、民法に現れる。民法の現代語化のための改正が平成16年であったためである。平成22年の常用漢字表で、「全」の訓として「すべて」が追加された。それ以後は、「全て」とするのが、法令における漢字使用ルールである。現に、民法でも、それ以後において改正された規定では、「全て」という表記が使われている。

- 「名あて人」という表記が、例えば、行政手続法に現れる。行政手続法の制定が平成5年であったためである[31]。平成22年、常用漢字表に「宛」が追加された。それ以後は、「名宛人」とするのが法令の漢字使用ルールである。現に、行政手続法においても、それ以後において改正された規定では、「名宛人」という表記が使われている。

- 「さかのぼる」や「さかのぼって」などの表記が、例えば、民法に現れる。平成16年の民法の現代語化の後、平成22年の常用漢字表に「遡」が加えられている。現在であれば、「遡る」や「遡って」などと書く。

- 「覚せい剤」という表記が、かつて、「覚せい剤取締法」という法律の題名にも使われていた。昭和26年の制定時から

---

31) 平成5年法律第88号。

の表記である[32]。平成 22 年、常用漢字表に「醒」が追加された。それ以後は「覚醒剤」とするのが法令の漢字使用ルールとなったが、長く、改正の機会がなかった。令和元年の改正で、「覚せい剤」は全て「覚醒剤」に改められ、法律の題名も改正されて「覚醒剤取締法」となった[33]。

- 「乃至」という単語が、かつては、法令でも多く用いられた。「第三百九十八条乃至第四百条」などである。しかし、「乃」が常用漢字表にない。現代なら、法令でも、「第三百九十八条から第四百条まで」とされる。なお、「A 乃至 B」を現代風に書き換えようとして「A から B」とするものをよく見かけるが、「A から B まで」とするのが正統的である。簡易に「〜」を用いる場合は、「A〜B」でよい。

以上のものは、古い漢字使用ルールに基づく表記の代表例である。漢字使用ルールについては、後で更に述べる（● 164〜173 頁）。

送り仮名の付け方に関する古いルールに基づくもの

漢字使用ルールと同様に、送り仮名の付け方のルールも新しくなっている。また、同様に、古いルールによる表記が残存したり新旧の表記が混在したりしている。

例えば、刑事訴訟法には、次のように古いルールによって送り仮名の付け方をした例が多く現れる。いずれも、名詞である。

- 「取消」
- 「取調」
- 「申立」

---

[32] 昭和 26 年法律第 252 号。「覚せい剤」という傍点は省略した。以下同じ。
[33] 令和元年法律第 63 号。

現在では、名詞なら、それぞれ、「取消し」「取調べ」「申立て」とする。

動詞なら、「取り消す」「取り調べる」「申し立てる」とする。

刑事訴訟法は、制定年が古く、しかもそれなりに改正が多いので、古い表記と、最近の改正で加えられた新しい表記の、混在が多い。

送り仮名の付け方は、後で更に述べる（➡ 173〜184 頁）。

古い表記の引用と地の文

法令や判決の表記が現代の表記ルールとは異なっている場合に、その法令や判決を取り上げて論じるときは、どのような表記を用いるべきか。

法令や判決が古い表記となっていても、地の文、すなわち、引用文でない文章においては、現代の表記ルールで書くのが標準的である。古い表記を用いた法令や判決を引用する場合は、かぎ括弧を用いて、古い表記のまま引用する。

> **標準的な例**
>
> 捜査に関する総則的規定というべき刑訴法 197 条 1 項は、「捜査については、その目的を達するため必要な取調をすることができる。但し、強制の処分は、この法律に特別の定のある場合でなければ、これをすることができない」と定めている。ここでいう「取調」というのは、供述を得るための取調べだけでなく、広く捜査一般をさす概念である。[34]

---

34) 川出敏裕『判例講座 刑事訴訟法〔捜査・証拠篇〕第 2 版』（立花書房、令和 3 年）1 頁。

引用されている条文の中では、「取調」のほか、「但し」と「定」も表記が古い。現代において条文を書き下ろす場合や、地の文を書く場合は、それぞれ、「ただし」と「定め」となる。

独占禁止法でも、第1条に「公正且つ自由な競争」とあるが、現在では「且つ」は「かつ」と書くことになっており（➡167頁）、教科書などの地の文では「公正かつ自由な競争」と書く。

新旧の表記の混在

漢字使用や送り仮名の付け方のルールが変更されたとしても、既に存在する法令は、次の改正の際に、しかも、改正される部分についてのみ、改められるのが通例である。法令漢字使用等は、それによって同じ法令で新旧の表記が混在しても「差し支えない」としている（法令漢字使用等附則3）[35]。

既に掲げた例でも、民法における「すべて」と「全て」の混在、行政手続法における「名あて人」と「名宛人」の混在、刑事訴訟法における様々な混在、などがある。

混在しても「差し支えない」、というだけであるから、例外もあり得る。「覚せい剤」を「覚醒剤」に改める改正では、法律の題名と条文に現れる全ての「覚せい剤」を「覚醒剤」に改めている。

拗音と促音をどう書くか

拗音である「や・ゆ・よ」と、促音である「つ」は、かつては、法令においても判決においても大書きされることが多かったが、昭和63年から、小書きされるようになっている[36]。すなわち、「や・

----

[35] 法令漢字使用等が策定された平成22年の表記ルール変更に限らず、一般的には、ワークブック新訂第2版645～646頁。

ゆ・よ・つ」でなく、「ゃ・ゅ・ょ・っ」が用いられる。

　もともと大書きされていた法令では、現代において改正する場合にも、大書きするのが通常である。例えば、独占禁止法では、令和の時代に加えられた条文にも、大書きされた「つ」がある。

4　基本的なルール

　ここまで、条・項・号に関する基礎知識と、古い用語・表記を使うのには慎重であるべきこととを、述べてきた。

　以下では、その他の基本的なルールを取り上げる。基本的な用語は、その後に取り上げる（➡ 36〜49頁）。

(1) 題名・件名

　「民法」や「覚醒剤取締法」のような、法令の名称を、「題名」という[37]。

　古い法令の中には、題名が付けられず、その法令の公布文に引用されている字句をもって、その法令の同一性を表す名称としているものがある。そのような名称を「件名」と呼ぶ[38]。「閏年ニ関スル件」や「私的独占の禁止及び公正取引の確保に関する法律」などがその例である。件名の場合は、e-Gov 法令検索において、題名に相当する場所で特殊な表記をされている。

....

[36]　内閣官房内閣参事官室首席内閣参事官「内閣に係る公用文における拗音及び促音に用いる「ゃ・ゅ・ょ・つ」の表記について（通知）」（内閣閣第145号、昭和63年9月1日）、内閣法制局長官総務室「法令における拗音及び促音に用いる「ゃ・ゅ・よ・つ」の表記について（通知）」（内閣法制局総発第125号、昭和63年7月20日）。

[37]　ワークブック新訂第2版145頁。

[38]　ワークブック新訂第2版159〜160頁。

(2) 法令番号

　法令には、法令番号と呼ばれるものが付けられる[39]。法律の場合、国会で成立し官報で公布された年と、その年における番号を用いて、「令和5年法律第3号」のように表記する。法律の法令番号は、法律番号とも呼ばれる。公布された月日を添えて「令和5年3月31日法律第3号」とすることもあるが、通常は、年と番号のみでよい。

　政令であれば政令だけで、内閣府令であれば内閣府令だけで、通し番号が付けられる。例えば、「令和5年政令第3号」である政令は、「令和5年法律第3号」である法律とは、別に存在する。

　ある法律の一部を改正する法律の法令番号が「○○年法律第×号」である場合、その改正は、「○○年改正」と通称される。つまり、官報で公布された年である。施行されたのが翌年以後であっても、公布された年で呼ぶのが普通である。

(3) 事件番号

　裁判所の事件には、事件番号と呼ばれるものが付けられる。

　事件番号は、訴えの提起や申立てなどによって裁判所に持ち込まれた年、事件記録符号、番号、によって構成される。

　事件記録符号は、最高裁判所が定めている。例えば、民事の、第1審の通常訴訟事件は「ワ」であり、控訴事件は「ネ」である。これらは代表例にすぎず、多数の種類の事件記録符号がある。

　事件番号は、裁判所ごとに振られる。ある裁判所で付けられた事件番号と全く同じ事件番号が付けられた別の事件が別の裁判所で係

---

[39]　ワークブック新訂第2版24〜27頁。

属していることは、普通にあり得る。したがって、事件番号には裁判所の名称も付ける。

　以上により、例えば、「大阪高等裁判所平成2年（ネ）第1660号」といった事件番号ができあがる。

　伝統的に、判決などは、判決の年月日と、掲載された判例集の巻・号・頁で引用されることが多かった。法学者が書く教科書などでは根強く維持されている引用手法である。

　しかし、紙の判例集へのアクセスは必ずしも容易ではなく、他方で、裁判所ウェブサイトの無料のデータベースや、有料の判例データベースで、判決などを調べる機会が増加している。

　そして、それらにおいて判決の年月日で検索すると、検索結果に、同じ裁判所の同じ年月日の判決が大量に並ぶことも多い。

　そのような場合に、事件番号が分かると、便利である。

(4) 和暦か西暦か

　国などの公的機関は、昭和、平成、令和などの和暦を正式なものとしている。これに対しては様々な意見があり、傾聴に値するが、とにかく現在は、和暦が用いられている。

　したがって、法令番号の年、行政文書の年、判決の年、事件番号の年などは、和暦を用いて示すのが公式の方法となっている。令和元年に国会で成立し官報で公布され、令和元年の法令番号が付いた改正は、「令和元年改正」と呼ばれる。

　他方で、法律書や法律雑誌などの出版物においては、判決の年などは和暦で引用する一方で、研究者や実務家が書いた書籍や論文の刊行年は西暦で表記するのが、主流である。書籍や論文は研究業績であってユニバーサルなものである、といった誇りがあるのかもし

れない。

　私は、本書も含め、日本の法令や判決を多く引用する単著では、全て和暦に統一したほうが分かりやすいのではないかと考えて、引用する書籍や論文の刊行年も全て和暦としている。珍しい少数派である。

　書籍や論文などの刊行年を西暦で書く多数派の中には、そのような意識が更に高まって、改正の年や判決の年まで西暦で書く例も見られる。それぞれの論者の主義を尊重すべきではある。しかし、法令番号、行政文書、行政官による解説書、判決などにおいて和暦が付けられるのが通常であり、多くの読み手がそちらに慣れている場合、改正の年や判決の年を西暦で紹介して読み手に対して直ちに意味が伝わるか、という問題もある。もちろん、それは、読み手の属性によって変わり得ることではある。また、世の中の動きや外国での動きの中に日本の法改正や判決を位置付けた解説をする場合には、西暦を用いるほうが有効であることも多い。

(5) 暦年か年度か

　和暦にせよ、西暦にせよ、暦年による表記であるのか年度による表記であるのかは、適切に確認する必要がある。このあたりが粗雑な法律文章は、信頼を大きく失う。暦年とは、カレンダーのとおりの1年、という意味であり、1月から12月までの1年を指す。年度は、日本では通常、4月から翌年3月までの1年を指す。

　法令番号と事件番号は、いずれも暦年で書く。

　したがって、法令番号の年で表す「○○年改正」という表記も、暦年となる。

　ややこしいのは、税制改正である。税制改正は、年度ごとに行わ

れる。改正するための法律が３月に国会で成立して公布され、４月１日から施行されるのが通例となっている。したがって、「〇〇年度税制改正」と呼ばれるのが通例である。このため、それを実現するための法改正が「〇〇年度改正」と呼ばれる場合がある。他方で、法令番号の書き方は、税制改正に関係するものであっても、税制とは関係のない法律と共通である。「〇〇年度税制改正」を実現する法律が通例どおりに「〇〇年」の３月に公布されることを前提とすると、その法令番号には「〇〇年」という暦年が付く。

（6）原文は縦書きか横書きか

　読もうとする法律文章の原文が縦書きか横書きかは、把握しておいたほうがよい。

　国の法令の原文は、縦書きである。

　判決の原文は、昔は縦書きであったが、平成 13 年から、横書きに移行した。

　原文が縦書きか横書きかによって、数字が漢数字か算用数字かが変わる。算用数字で書かれた数字が、原文どおりであるのか、縦書きの原文の漢数字を資料作成者が算用数字としたのか、が、意味を持つことがある。

　資料作成者が、見出し番号の表記を変えることもある。現代においては、横書きの原文を縦書きにした資料も存在するが、例えば、原文の見出し番号「第 3」が「第三」に変えられ、しかし「2」は「2」のままである、といったことなどがある。うっかり「第三の2」と引用すると、原文を確認しようとした読み手を迷わせることがあり得る。そのような場合、原文には、「第 3」は存在するが、「第三」は存在しないからである。

5 基本的な法律用語

法律文章で使われる用語のうち、間違いやすく、早期に知っておくとよいと考えられる基本的なものを、以下に掲げる。それ以外の便利な法律用語は後で取り上げる（➡ 150〜162 頁）。

(1)「公布」・「施行」・「適用」

「公布」とは、成立した法令を世の中に周知させることであり[40]、官報をもって行う[41]。

「施行」とは、法令の規定の効力が一般的に発動し、作用することになることをいう[42]。「施行」は、「せこう」と読まれることもあるが、いずれかというと「しこう」と読むのが正統的である[43]。

このように、「施行」とは、施行日に直ちに終わるものではなく、施行日以後において継続するものであるから、法令では、「4 月 1 日に施行」でなく、「4 月 1 日から施行」と書かれている。

「適用」とは、一般的に施行されている法令を、特定の人、特定の地域、特定の事項などに当てはめて結論を得ることを指す[44]。

世の中で、「適用」という意味を示そうとして誤って使われることの多い言葉として、「適応」がある。

「適応」は、国語辞典などを見ると、二つほどの意味を持つ。第 1 は、状況に応じて変わっていく、という意味である。第 2 は、医薬品などが特定の症状に適合する、という意味である。上記の

---

40) ワークブック新訂第 2 版 18 頁。
41) 官報の発行に関する法律（令和 5 年法律第 85 号）第 3 条第 1 項。この法律の施行前においても、法令は官報によって公布されてきた。
42) ワークブック新訂第 2 版 34 頁。
43) ワークブック新訂第 2 版の巻末索引も、「しこう」と読むことを前提としている。
44) ワークブック新訂第 2 版 36〜37 頁。

「適用」に相当する意味は、ないようである。

(2)「みなす」・「推定する」

「みなす」

　「みなす」は、法律用語として意味の確立している用語の一つであるが、同時に、世の中では異なる意味で使われることの特に多い用語でもある。

> **世の中でよく使われる「みなす」の例**
>
> 　消費税は、間接税とみなされている。

　ここでの「みなす」は、消費税という制度が、間接税という一般的な分類に、該当すると判断する、という場合の、「該当すると判断する」という思考過程を指す用語として使われている。それ以上の特別な意味は、なさそうである。

　それに対し、法律用語としての「みなす」は、該当すると判断するのではあるが、次のような特別な思考過程を経てそのようにする、という場合だけに使う。

> **法律用語としての「みなす」の例（刑法）**
>
> 　（電気）
>
> 第二百四十五条　この章の罪については、電気は、財物とみなす。

　ここでは、「みなす」という用語が、「AはBに該当することとする。反論は認めない。」という意味で用いられている[45]。

45）　ワークブック新訂第2版 751〜753頁。

Aは、ここでは「電気」であり、Bは、ここでは「財物」である。

Aが、Bとは、全く異なるものである場合もある。

しかし、それだけではなく、Aが、Bに該当するようにも見えるし、該当しないようにも見えて、定かでない、という場合もある。

いずれの場合でも、とにかく、AはBに該当することにする、ということである。

上記の例における「この章」は、刑法第36章であるが、その冒頭に、窃盗に関する刑法第235条があり、「他人の財物を窃取した者は、窃盗の罪とし、」とされている。電気が「財物」に該当するか否かについては議論があり得るかもしれないが、該当することにする、というのが、上記で例として掲げた刑法第245条である。

そして、重要なのは、「みなす」となっている場合には、反論は認めない、ということである。電気は、刑法第235条などの刑法第36章の規定との関係では、必ず、「財物」に該当するという扱いとなる。この点で、すぐ後で触れる「推定する」と異なっている。

以上のように、「みなす」という用語には、法律用語として、特別の意味がある。

頭の体操のために補足すると、刑法第245条の存在を前提とする場合でも、あるものが「電気」に該当する、という判断に対しては、反論が可能である。

もし、あるものが「電気」に該当すると言えるのであれば、それは必ず「財物」に該当することとし、反論は認めない、というのが、刑法第245条の「みなす」の意味である。

「推定する」

「推定する」は、「みなす」と比較すると、反論の余地を認める点

で異なる[46]。

「推定する」の例（民法）

（嫡出の推定）

第七百七十二条　妻が婚姻中に懐胎した子は、当該婚姻における夫の子と推定する。女が婚姻前に懐胎した子であって、婚姻が成立した後に生まれたものも、同様とする。

2　前項の場合において、婚姻の成立の日から二百日以内に生まれた子は、婚姻前に懐胎したものと推定し、婚姻の成立の日から二百日を経過した後又は婚姻の解消若しくは取消しの日から三百日以内に生まれた子は、婚姻中に懐胎したものと推定する。

3・4　（略）

「推定する」とは、「AはBに該当することとする。ただし、反論は認める。」ということである。

上記の民法第772条は複雑であるため、婚姻前の懐胎は読まず、婚姻中の懐胎だけを読むとしても、2段階の推定が絡む。

第1項前段の「推定する」では、Aは、「妻が婚姻中に懐胎した子」であり、Bは、「当該婚姻における夫の子」である。

何も反論がなければ、推定されたとおりに扱われる。

しかし、個々の事例で、この子は「当該婚姻における夫の子」ではない、と反論することは可能である。推定に対して反論し、否定する結論を導くことを、「推定を覆す」などという。覆そうとする主張が成功することもあれば、失敗することもある。

---

46)　ワークブック新訂第2版750〜753頁。

第2項後半の「推定する」では、Aは、「婚姻の成立の日から二百日を経過した後……に生まれた子」であり、Bは、「婚姻中に懐胎した［子］」である。

例えば、婚姻の成立の日から210日後に生まれた子は、反論がない限り、第2項後半の推定と、第1項前段の推定により、「当該婚姻における夫の子」として扱われる。それでは困る者にとっては、第2項後半の推定を覆すという方法と、第1項前段の推定を覆すという方法の、2通りの方法が、まずは考えられる。

(3)「及び」・「並びに」

「and」の意味を示す法律用語として、「及び」と「並びに」がある。公用文考え方Ⅱ−1解説[47]に書かれていることに私なりの補足をして説明すると、次のようになる。

世の中では、厳かな感じを醸し出そうとして、いきなり「A並びにB」とされることもあるが、法律文章では、「並びに」をいきなり使うことはない。

まず、「A及びB」とする。

AやBが名詞でない場合には、「A、及びB」のように、「及び」の前に読点を打つ。例えば、「公務員を選定し、及びこれを罷免することは」とされる（憲法第15条第1項）。

三つ以上が対等に並ぶ場合には、最後のものの前に「及び」を置き、それ以外は読点で接続する。「A、B及びC」のようにである。例えば、「法人の設立、組織、運営及び管理」と書かれていれば（民法第33条第2項）、法人の、「設立」、「組織」、「運営」、「管理」

47）　そのほか、ワークブック新訂第2版722〜724頁。

の四つが、対等に並んでいることになる。「法人の設立」と他の三つが並んでいるわけではないことは、そのように読んでも意味を成さないことから分かる。

　以上のようなことは、念入りに読まれる法令の条文などであればよいかもしれないが、読み手の範囲が広く、必ずしも念入りに読まれるわけではない文書においては、例えば、「……の全て」や「……のいずれも」を添えて、意味を明瞭にする方法も考えられる。

　「及び」を使い、かつ、高い階層で更に並べる場合に、「並びに」を使う。「A及びB並びにC」というと、「A及びB」と「C」が、対等に並ぶ。

「及び」と「並びに」の例（民法）

　　（不動産賃貸の先取特権の被担保債権の範囲）

　第三百十五条　賃借人の財産のすべてを清算する場合には、賃貸人の先取特権は、前期、当期及び次期の賃料その他の債務並びに前期及び当期に生じた損害の賠償債務についてのみ存在する。

　ここでは、「前期、当期及び次期の賃料その他の債務」と、「前期及び当期に生じた損害の賠償債務」とが、「並びに」で接続されて対等に並んでいる。

　更に高い階層での接続がある場合にも、「並びに」を使う。つまり、最も低い階層のみで「及び」を使い、他の階層は全て「並びに」を使う。「A及びB並びにC並びにD」という場合は、「A及びB並びにC」と「D」とが、対等に並ぶ。「A及びB」と「C並びにD」とが対等に並ぶと読むことはできない。「及び」を使わずに、いきなり「C並びにD」と書くことは、できないからである。

(4)「又は」・「若しくは」

「or」の意味を示す法律用語として、「又は」と「若しくは」がある。公用文考え方Ⅱ－1解説[48]に書かれていることに私なりの補足をして説明すると、次のようになる。

「並びに」と同じく、世の中では、厳かな感じを醸し出そうとして、いきなり「A 若しくは B」とされることもあるが、法律文章では、「若しくは」をいきなり使うことはない。

まず、「A 又は B」とする。

A や B が名詞でない場合には、「A、又は B」のように、「又は」の前に読点を打つ。例えば、「栄典の授与は、現にこれを有し、又は将来これを受ける者の一代に限り、その効力を有する。」とされる（憲法第 14 条第 3 項）。

三つ以上が対等に並ぶ場合には、最後のものの前に「又は」を置き、それ以外は読点で接続する。「A、B 又は C」のようにである。例えば、「自己又は他人の生命、身体、自由又は財産」と書かれていれば（刑法第 37 条第 1 項）、自己又は他人の、「生命」、「身体」、「自由」、「財産」の四つが、対等に並んでいることになる。

以上のようなことは、念入りに読まれる法令の条文などであればよいかもしれないが、読み手の範囲が広く、必ずしも念入りに読まれるわけではない文書においては、例えば、「……のいずれか」などを添えて、意味を明瞭にする方法も考えられる。

「又は」を使い、かつ、低い階層で更に並べる場合に、「若しくは」を使う。「並びに」は「及び」より高い階層であったが、「若しくは」は「又は」より低い階層である。「A 又は B 若しくは C」と

---

48) そのほか、ワークブック新訂第 2 版 800〜802 頁。

いうと、「A」と「B若しくはC」が、対等に並ぶ。

> **「又は」と「若しくは」の例（刑法）**
>
> （殺人）
>
> 第百九十九条　人を殺した者は、死刑又は無期若しくは五年
> 以上の拘禁刑に処する。

　ここでは、「死刑」と「無期若しくは五年以上の拘禁刑」とが、「又は」で接続されて対等に並んでいる。

　更に低い階層での接続がある場合にも、「若しくは」を使う。つまり、最も高い階層のみで「又は」を使い、他の階層は全て「若しくは」を使う。「A又はB若しくはC若しくはD」という場合は、「A」と「B若しくはC若しくはD」とが、対等に並ぶ。「A又はB」と「C若しくはD」とが対等に並ぶと読むことはできない。その場合は、「A若しくはB又はC若しくはD」となるはずである。「B若しくはC若しくはD」については、「B若しくはC」と「D」とが対等に並ぶ場合と、「B」と「C若しくはD」とが対等に並ぶ場合とが、あり得る。意味などを見て、読み解くしかない。

(5)「科する」・「課する」

　「科する」と「課する」は、使い分けられている[49]。

　「科する」は、刑罰等に用いる。「罰金刑を科する」などである。

　「課する」は、国や地方公共団体などの公的な団体が、国民や住民などに対し、公権をもって租税などの金銭的負担をかけ、徴収する場合に用いる。「課徴金を課する」などである。

---

[49]　ワークブック新訂第2版724頁。

(6) 「場合」・「とき」・「時」

　「場合」「とき」「時」には、種々のルールがある[50]。

　「〇〇〇場合」と「〇〇〇とき」は、いずれも、「〇〇〇」という条件を満たすならば、という意味で用いる。

　「場合」と「とき」を同時に使う場合には、大きな条件に「場合」を用い、それを満たすことを前提とした小さな条件に「とき」を用いる。例えば、「後見開始の審判をする場合において、本人が被保佐人又は被補助人であるときは」（民法第19条第1項）などである。

　単独で使う場合には、「場合」と「とき」のいずれを優先して使うか、といったルールは特にないようである。

　「とき」は、時点、という意味で用いられることもあるが、以上のように条件を示す意味もあるので、時点を示すことを明確にするには、「時」を用いる。

> **「時」と「とき」が同時に現れる例（民法）**
>
> 　　　第二節　意思能力
> 　第三条の二　法律行為の当事者が意思表示をした時に意思能力を有しなかったときは、その法律行為は、無効とする。

　ここでは、「時」は時点を指し、「とき」は、「法律行為の……有しなかった」という条件を満たすならば、という意味である。

　「とき」も、時点という意味で用いられることもあるが、同じ条において、別の場所で「時」を使っているので、それでもなお「とき」を使うのであれば、「とき」は時点の意味ではないと解釈するのが素直であろう。

---

50) 公用文考え方Ⅱ-1解説、ワークブック新訂第2版786〜789頁。

なお、この条には見出しが置かれていない。民法のこの節にはこの一つの条しかないため、「第二節　意思能力」という節名だけで足りるからであると考えられる。

(7)「以前」・「前」・「以後」・「後」・「以降」

　「以前」「前」「以後」「後」「以降」は、使い分けられている[51]。

　「以前」は、基準時点を含んでそれより前を指し、「前」は、基準時点を含まずそれより前を指す。

　独占禁止法の課徴金減免制度では、法律の条文（第7条の4第1項、第2項）をもとにした簡易な表現として、「調査開始日前の減免申請」という表現がよく用いられる。「調査開始日」は、立入検査の日であることが多い。「調査開始日以前の減免申請」でなく「調査開始日前の減免申請」とされているように、立入検査の日より前に行われた減免申請だけが対象となる。「調査開始前」でなく「調査開始日前」であるから、たまたま立入検査の日の早朝に減免申請をしていたとしても、「調査開始日前の減免申請」とはならない。

　法律文章で、「4月1日以前」でなく「4月1日前」という表現が使われることがある。上記のことを応用すれば、4月1日は含まず、4月1日より前、という意味であると分かる。しかし、多くの人は、「4月1日前」という表現に不慣れである。読み手を限定できない文書では、「3月31日以前」や「4月1日より前」といった表現をするほうが伝わりやすいと思う。

　「以後」は、基準時点を含んでそれより後を指し、「後」は、基準時点を含まずそれより後を指す。

---

51)　ワークブック新訂第2版718～722頁。

独占禁止法の課徴金減免制度には、「調査開始日以後の減免申請」もある（第7条の4第3項）。減免申請を立入検査の日に行う場合も、こちらに含まれる。

基準時点をあまり意識しなくともよい文脈で、「前」や「後」を用いることもある。「改正前」や「改正後」などは、その例である。

「以降」は、意味としては「以後」と異なるところはないが、予算、年金、選挙など、ある時点以後に定期的に継続して行われる事柄との関係で用いられることが多い、とされる。

(8) 「以上」・「超」・「以下」・「未満」

「以上」「超」「以下」「未満」は、使い分けられている[52]。

「以上」は、基準数量を含んでそれより多いことを指し、「超」は、基準数量を含まずそれより多いことを指す。

「超」は、法令においては「1万円を超え、」というように動詞で表現されることが多いが、法令以外の文書などでは、「1万円超」というように簡略な表現をされることも多い。

「以下」は、基準数量を含んでそれより少ないことを指し、「未満」は、基準数量を含まずそれより少ないことを指す。

「1万円未満」と同じ意味で、「1万円に満たない」「1万円を下回る」とされることもある。

なお、「超」と「越」については、「超える・超す」は「ある基準・範囲・程度を上回る。」、「越える・越す」は「ある場所・地点・時を過ぎて，その先に進む。」、とされている[53]。

....

52) ワークブック新訂第2版716〜718頁。
53) 文化審議会国語分科会「「異字同訓」の漢字の使い分け例（報告）」（平成26年2月21日）13〜14頁。

(9)「以外」

「以外」という用語は、「以」という文字を使ってはいるが、基準となるものを含まない、という意味合いで使われている。例えば、「名宛人以外のA社」と書かれることがある。「名宛人以外」とは名宛人を含んだその他のもの、と理解すると、結局は、全てのものとなって、意味を成さない。「名宛人以外のA社」という表現は、「名宛人ではないA社」という意味で、用いられている。

(10)「その他」・「その他の」

「Aその他B」と「Aその他のB」は、使い分けられている[54]。

「Aその他B」は、論理的には、「A及びB」と同じ意味である。

それに対し、「Aその他のB」という場合には、Aは、Bの例示である。「Aその他のB」は、論理的には、Bだけが挙げられているに等しい。

法令の条文で、「普通地方公共団体の議会、長その他の執行機関」と書かれていれば、それより後に現れる「当該執行機関」には、普通地方公共団体の長である都道府県知事や市町村長を含むことになる（地方自治法第242条の2第1項）。

「Aその他政令で定めるもの」と規定されていれば、Aは、政令で定めなくとも、「Aその他政令で定めるもの」に含まれることになる。

「Aその他の政令で定めるもの」と規定されていれば、Aも政令で定めなければ、Aは、「Aその他の政令で定めるもの」に含まれないことになるので、Aも政令で定める。

---

[54] ワークブック新訂第2版766～768頁。

次のような複雑な例もある。

「その他の」が重層的に現れる例（民法）

（法人の成立等）

第三十三条　法人は、この法律その他の法律の規定によらな
　　ければ、成立しない。

2　学術、技芸、慈善、祭祀、宗教その他の公益を目的とす
　　る法人、営利事業を営むことを目的とする法人その他の法
　　人の設立、組織、運営及び管理については、この法律その
　　他の法律の定めるところによる。

　まず、「学術、技芸、慈善、祭祀、宗教その他の公益を目的とす
る法人」という表現においては、「学術」から「宗教」までの五つ
は、「公益」の例示である。「学術」から「宗教」までの五つが「公
益を目的とする法人」の例示でないことは、意味から分かる。

　そして、上記の第2項の全体としては、上記の「学術……目的と
する法人」と、「営利事業……目的とする法人」とが、読点で接続
され、「その他の法人」における「法人」の例示となっている。

　次に掲げる憲法第21条第1項は、「その他」に関するルールで
は説明が難しく、例外であると考えられる。

「その他」「その他の」のルールの例外（日本国憲法）

第二十一条　集会、結社及び言論、出版その他一切の表現の
　　自由は、これを保障する。

②　検閲は、これをしてはならない。通信の秘密は、これを
　　侵してはならない。

　第1項の「その他」の後が「一切の表現」という包括的な概念で

あり、「その他」の前に「出版」がある。「出版」は「一切の表現」の例であると考えるほうが、素直である。

「その他」「その他の」のルールには、このように、例外がある。例外は、他の法令にも若干、見られる。

6 入門を終えて

法律文章の入門は、以上で終わりである。

法律文章を読み、また、書くために、役立つ情報を厳選して掲げたつもりである。

これらの技法は、法律文章に不慣れな多くの人たちを含めた皆が、更に良い社会において暮らすために使うべきものである。

「みなす」という用語を例に取ると、こういうことである。

法律を勉強しているはずの者が、法律を扱っている文脈において、「消費税は、間接税とみなされている。」といった表現を使ってしまうと、勉強が足りないと推定されても仕方がない。

しかし、法律文章に不慣れな多くの人たちが、「消費税は、間接税とみなされている。」といった表現を使ったとしても、それは自然なことである。よほどの事情がない限り、黙って大人の対応をしたほうがよい。

三ケ月章は、熱い名講義などでも知られ、広く愛された碩学であるが[55]、昭和47年初出の論文である「法と言語の関係についての一考察」において、戦前の軽犯罪の取締りにおける警察官の言動を紹介した後、次のように述べている。

....

[55] その一端を示すものとして、三ケ月章『法学入門』（弘文堂、昭和57年）。このように、「三ケ月章」と表記されることもある。本書では、以下で引用する論文が掲載された書籍での表記に合わせた。

「しかし，このような法の特殊用語をあやつり，優越感にひたる当時のポリスの心情だけを笑うことは決してできぬのであって，このような意識構造は，法に携わる者が大なり小なりもっていたコンプレックスであったとみねばなるまい。立法をする人達も，片かなまじりの漢文体で濁点も句読点もつけず法文を作ることは当然と考えていたのだし——因みに，これには東洋的君主の意思表示の形式を伝える詔勅のスタイルが，その原型となっていたと私には思われる。太平洋戦争の開戦の詔勅を思い出すがいい—，裁判所の判決文も亦，このスタイルにならい，文語文で句読点も濁点もつけず，また段落も最小限に節約して書くという慣習が確立され，法律家はそのように訓練されたのである。お恥しいことながら，私のように戦前に法学教育を受けた者は，法文や判決文とはそういうものだと信じ，疑いをさしはさむこともなく打ちすぎてきたのであって，戦争後，いわゆる「新憲法」の草案が，句読点つきの平がな口語体で新聞に発表されたとき，はじめて眼からうろこがとれたような気がしたことを告白する。」[56]）。

56）　三ヶ月章「法と言語の関係についての一考察」宮内秀雄教授還暦記念論文集編集委員会編『日英のことばと文化』（三省堂、昭和 47 年）277 頁（横書きで読点は「, 」）。三ヶ月章『民事訴訟法研究 第七巻』（有斐閣、昭和 53 年）にも収録されており、該当箇所は 287 頁である（縦書きで読点は「、」）。

第2章 文書

　この章では、作成しようとする文書全体についての大雑把な心構えを取り上げる。本書では、文章を読み手に提示するために一つの塊とした全体を「文書」と呼んでいる。更にミクロな部分については、第3章〜第5章で、「文」、「用語」、「表記」という順で述べる。

　テーマの選び方、構成の仕方、などについては、既に多数の書籍がある。本書は、それらの問題はそれらの書籍に譲って、第3章〜第5章のようなミクロの問題に重点を置く。この第2章は、第3章〜第5章につながるような技術的な問題に絞る。

　言い換えれば、文章の書き方を扱った書籍には、テーマの選び方や構成の仕方に重点を置いたものと、正確に分かりやすく伝える方法に重点を置いたものの、2種類がある。本書は、後者を目指している。他の書籍の引用も、後者に関するものが中心となる[1]。

1　文書を作成する際の基本的な考え方
(1) 読み手に理解され、信頼される文書を目指す

　文書を作成する際の基本的な考え方は、読み手に理解され、信頼されるものを目指す、ということであろう（◀ ii 頁）。文書全体においても、更にミクロな部分においても、同じである。

　読み手にも様々な人がいる。読み手がどのような人たちであるかによって、文書の書き方も工夫する必要がある。

----

1)　前者のことなどに重点がある一例として、横田明美『カフェパウゼで法学を』（弘文堂、平成30年）。

（2）依拠され転用されていくことを意識する

本書では、法的な文書に書き込む内容を「法律文章」と呼んでいるが、法律文章の場合、読み手として、まずは、ある程度は法律文章を読むことに慣れた人を想定してもよいであろう。

しかし、そのような文章が、他の文脈において依拠され転用されていくであろうということも意識する必要がある。世の中に向けた広報において依拠されることもあろう。日本語を母語としない人々に向けた案内において、依拠されることもあろう。そのようなことも意識しながら、必要以上の難解な表現や分類を避けて、正確で分かりやすい法律文章を心掛けるのが望ましい。土台がおかしければ、広報や案内もおかしくなり、分かりにくくなる。

同様の考え方は、例えば、組織内部の規則の作成においても意味を持つ。

新しい仕組みを作ることになったとする。立案担当者は、検討を重ね、その結果として、何らかの規則や対応マニュアルのようなものを作成することになる。

このような場合、ありがちであるのが、立案担当者が、検討を重ねた自分たちであれば理解できるが、他の者には理解することの難しい規則や対応マニュアルを作成してしまう、ということである。

立案担当者は、少し後に任期が満了して異動することも多いし、仮に異動せず同じ部署にとどまっているとしても、立案担当者が作成した仕組みの日常的な運用は別の者の役割である、ということもある。立案担当者の後任者や、日常的な運用を担当する者は、関係業務が発生するたびに、難解な規則や対応マニュアルを読解しなければならなくなる。

規則や対応マニュアルなどの文書は、仕組みを作る者だけでなく、

後から担当することになって日常的な運用をする者でも、流れるように関係業務を処理できるように、作成するのが望ましい。そして、そのような文書が、外部に向けて発信される際にも依拠され転用されるのであれば、そのことも意識して、作成するのが望ましい。

（3）どのような媒体で伝えるのかを意識する

どのような媒体で伝えるのか、ということも、最初から意識する。紙で伝えるのか、SNS で伝えるのか、ウェブサイトで伝えるのか。SNS やウェブサイトで伝える場合、読み手がパソコンで見ることを想定するのか、スマートフォンで見ることを想定するのか。それらによって、全体の構成、レイアウト、文字の大きさやフォント、といったものが変わってくる。

2　正確で分かりやすい文章

公用文考え方の「基本的な考え方」の「2　読み手に伝わる公用文作成の条件」では、「(1) 正確に書く」と「(2) 分かりやすく書く」の二つが柱となっている。

もう一つ、「(3) 気持ちに配慮して書く」も挙げられている。これは、違和感や不快感を持たれないような文章、何かを不当に差別する意味合いが込められていない文章、読み手を尊重した文章、といったことである。大切なことであるが、当然のことでもあるから、本書では省略する。

（1）正確に書く

法律文章は、正確である必要がある。正確であることによって、読み手に信頼され、正統性を確保できる。

正確な法律文章を書くためには、書き手が、内容を正確に理解している必要がある。依拠すべき資料をきちんと確認し、それに基づいて書く。依拠すべき資料の典型例が、法令の条文であり、判決である。条文や判決について書くのであれば、それらを要約した二次的な資料でなく、原文を確認するのが望ましい。二次的な資料が作成される際には、何らかの目的で、原文を取捨選択し改変していることが多い。大まかな枠組みを把握するだけなら、二次的な資料を見るだけで十分であるかもしれない。しかし、そこで得た枠組みや情報を使って、自分で新たな法律文章を書こうというのであれば、原文を確認するのが望ましい。

　どのような原文に基づいて書いたのかが示されているのが望ましい。第1に、それを調べようとする読み手に糸口を提供することになる。第2に、読み手が容易に原文を確認することのできる状態を作ることが、その文書の正確さを担保することにもなる。

　いい加減なことを書けば読み手に直ちに見抜かれる、という状態を、自分で作るのである。読み手が実際に原文を確認するか否かは別として、とにかく、そのような意識で文章を書くことによって、正確さが高まり、信頼を受けるようになる。

関係法令等を引用しない例

　インボイスには、インボイス発行事業者としての登録番号を記載する必要がある。

　上記でも、内容としては正確である。読み手が誰であるかによっては、この表現で十分であることも多い。

　しかし、上記の例では、読み手には、原文を確認するための糸口は、与えられていない。

> **関係法令等を引用している例**
>
> 　インボイスは、消費税法においては「適格請求書」・「適格簡易請求書」と呼ばれており、これらには、適格請求書発行事業者としての登録番号を記載する必要がある（消費税法第57条の4第1項、第2項）。

　「消費税法第57条の4第1項、第2項」と書かれているだけで、読み手は、条文を探し当てることができる。条文は長大であることも多いから、条文を常にそのままコピーして示す必要があるというものではない。読み手が、その気になれば直ちに調べることができる、という糸口を示すだけでよい。それでも、正確さの担保としては十分である。

　そのほか、上記の「関係法令等を引用している例」では、次の点にも留意した。

- 　「インボイス」と呼ばれているものが、消費税法の条文でどのように呼ばれているのかを示した。
- 　「インボイス発行事業者」と呼ばれているものが、消費税法の条文でどのように呼ばれているのかを示した。

　そのようにすれば、読み手は、e-Gov法令検索において、それらの文字列を検索して該当条文を見付けることもできる。そのほうが圧倒的に速い場合がある。消費税法の条文を「インボイス」で検索しても、何も見付からない。「インボイス」という用語は、条文では使われていないからである。

（2）分かりやすく書く

　分かりやすい法律文章については、本書では、以下、巻末に至る

までの全体で述べていくことになる。

マクロレベルの文書全体で留意すべきこととしては、伝える内容を絞ること、必要に応じて図表等を活用すること、といったことであろうか。構成などには、後で触れる（➡ 59〜70頁）。

(3) 正確さと分かりやすさのバランス

正確さと分かりやすさとの間で、適切なバランスを取る必要がある。

正確さと分かりやすさは、完全に両立することはできないかもしれないが、妥当な範囲で少しずつを抑えながら、両者を高いレベルで目指すことは、可能である。「分かりやすい教科書」に対する批判はよく聞かれるが、そのような批判の源泉は、多くの場合、「分かりやすく」するために正確さを犠牲にしすぎているのではないかという疑念である。妥当な範囲で妥協しながら、正確さと分かりやすさの両方を目指すことは、可能であるはずである。

分かりやすさのため、妥当な範囲で妥協する、というのは、正確さを追求するあまり厳密になりすぎることのないようにする、ということでもある。

私は、大学の授業や実務家向けセミナーで説明をする際、最初に、「あまり予防線を張らず、脇が甘い説明をします。」と伝えるようにしている。

何かの講義をすると、「その話には○○○という例外がある」などといった指摘を受けることがよくある。それを予想し、そのような指摘を受けたくなくて、先回りし、「○○○のような場合は別ですが」などと予防線を張ってしまう。そのようなことをすると、分かりにくくなる。説明に時間もかかる。

そこで、例外を省略して、原則を強調した話し方をする。「脇が甘い」というのは、少々自虐的な表現であるが、真意はお分かりいただけると思う。

もちろん、自分にとっては例外が重要である、という立場にある聴き手もいると思う。そのような場合は、質疑応答の時間などに遠慮なく指摘や質問をしていただければよい。そのことも、併せて、最初に伝えている。

本書にも、既に、「脇が甘い」説明はある。

例えば、法令の条文において「第」が付いていなければ、序数（first, second, third, …）でなく、基数（one, two, three, …）である、と説明した（◀ 12頁）。

これには、多くの人が知っている例外がある。感染症法[2]の「五類感染症」である。

「五類感染症」は、私の理解では、基数というより序数に近い意味である。法令における通常の作法では、「第」を付けて「第五類感染症」とするものではないかと思う。現に、「第一類」や「第一種」から始まる分類を導入している法令は多い。感染症法では、私が気の付いていない何かの事情があるのか、それとも医療の現場などにおいて使われるであろう呼称に近付けたのか、定かではない。とにかく、感染症法の条文では、「第」を付けず「五類感染症」となっている。

しかし、そのような稀な例外があることを本書の第1章で述べるべきかというと、話は別である。第1章では、そのようなことは述べず、基本を書き表していくことを優先した。

────────────────────────

2） 感染症の予防及び感染症の患者に対する医療に関する法律。

3 文　体

(1) 常体と敬体

　文体には、常体（である体）と敬体（です・ます体）がある。

　公用文考え方は、法令、告示、訓令などの文書は常体を用い、通知、依頼、照会、回答など、特定の読み手を対象とした文書では敬体を用いる、としている（公用文考え方Ⅲ-1ア）。しかし、文脈によっては、多くの読み手に対して発する文書でも、敬体を用いるのが適切である状況もあり得るように思われる。

　公用文考え方解説は、常体には、「である・であろう・であった」の形と、「だ・だろう・だった」の形があるとし、次のように述べている（公用文考え方Ⅲ-1ウ解説）。公用文では「である・であろう・であった」を用いる、とする。「である・であろう・であった」は、「書き言葉専用の文体」であり、論理的な結論を導き出すような文章にふさわしい、という。その上で、解説・広報などの広く一般に示す文書等においては「だ・だろう・だった」を使って親しみやすさを示すこともある、としている。

　とにかく、一つの文や文書において、どのような文体を用いるかが統一されていることが望ましい。

(2) 文語の名残に当たる言い方

　公用文考え方は、「文語の名残に当たる言い方は、分かりやすい口語体に言い換える」、としている（公用文考え方Ⅲ-1エ）。例として挙げられているのは、次のようなものである。

- 「～のごとく」→「～のように」
- 「進まんとする」→「進もうとする」
- 「大いなる進歩」→「大きな進歩」

このあたりは、書き手の好みに任せてよい部分もあろう。

私が強調しているのは、古い法律文章を見て、法律文章とはこのような古い書き方をするものである、と信じ込むのはよくないということである。古い書き方をしてはならない、と主張しているのではない。

(3)「べき」

「べし」は、文語の助動詞である。

公用文考え方は、基本的には文語の利用に消極的であるが（公用文考え方 II－8 イ、III－1 エ）、例外的に、文の途中の「べき」と、文末の「べきである」や「べきもの」は、許容している（公用文考え方 III－1 オ）。

「べき」の前の動詞は、文語文法によれば、終止形である。

公用文考え方は、「べき」の前の動詞が、サ行変格活用の動詞である場合には、「～するべき」でなく「～すべき」とする、としている（公用文考え方 III－1 オ）。現代文法では、サ行変格活用の動詞の終止形は「～する」であるから、「～するべき」で間違いではないであろう。せっかく文語的な表現を取り入れるのであるから、ここは、それとセットで、その前の動詞も文語の場合の終止形である「～す」を用いる、ということであろうか。

4 構　成
(1) 文書全体の構成は本書の守備範囲外

文書全体の構成の方法については、様々な考え方があり、既に多数の書籍がある。これは、本書の直接の守備範囲とはしない（◀51頁）。

公用文考え方では、III − 4 が文書全体の構成を取り扱っている。

以下では、文書全体の構成は決まっていることを前提として、もう少しミクロの問題に絞って、いくつかのことを述べる。

(2) 結論を早めに

法律文章では、文書の全体においても、部分においても、まず、結論を早めに示すことが肝腎である。何の話であるかを、早めに知らせる。公用文考え方も、「結論は早めに示し、続けて理由や詳細を説明する。」としている（公用文考え方 III − 4 イ）。

「パラグラフ・ライティング」と呼ばれる手法においては、それぞれの段落の第 1 文がその段落の要約となるように、と教えられる。基本的には、支持できる考え方ではないかと思う。ただし、文章の流れを優先したいときなど、例外を作りたくなることはある。

結論を早めに、とは、早く本題に入るべきである、ということでもある。事務的な通知で、読み手にとって分かりきった事柄が最初に書き連ねてある、ということがある。そのために、大切なことが紛れて伝わらなくなるとすれば、残念なことである。

これから伝えようとする内容を、必要とする人と、必要としない人がいる場合、誰にとって必要かということも、早めに伝わるとよい。「A4 で 3 枚のレポートを提出してください。○月○日の出席者はこの限りではありません。」よりも、「○月○日の欠席者は、A4 で 3 枚のレポートを提出してください。」のほうが、適切であるように思われる。

新幹線の車内アナウンスで、「停車駅は、品川、新横浜、静岡、浜松、名古屋、京都、終点の新大阪にとまります。」というものを聞いたことがある。これについて、「停車駅は」と「とまります」

が重なっていて日本語としておかしい、と酷評する文献に接した。私は、これは、優れたアナウンスではないかと思う。浜松で降りたい乗客は、最初から聞いた場合は、「停車駅は……浜松」までで聞くのをやめることができる。途中までは聞いておらず、自分が降りる「浜松」の名を聞いて気付いた場合は、最後まで聞けば、「浜松……にとまります。」となる。同様の工夫を、電光掲示が右から左へと流れていく案内文で見ることもある。

（3）章・節・段落などに分ける

　長大な文章が切れ目なく続くと、読みにくいものである。段落に分け、また、長い文章であるなら、複数の段落をまとめた章や節に分けるのがよい。

　章・節・段落などに分けることがもたらす効果は多い。

- 似た内容が集まり、異なる内容は別のところに行く。
- 文書の構造が視覚化される。
- それぞれの冒頭に要旨があれば、速く読みやすい。

　悪い例として、ある文書で、次のようなことがあった。全体を大きく問題Aと問題Bの二つに分けて、実務的に重要な問題Aから順に説明しようとしているのに、問題Aの中心となる概念αより、問題Bの中心となる概念βが、先に出てきてしまった。そして、そこが初出箇所であるからというので、問題Aを論じる項目の中で、概念αの登場より前に、概念βを解説する長い脚注を置いてしまった。これは、具合が悪い。厳密さより、明快さや分かりやすさを優先すべき場合がある。

　文書を書き進めると、流れの中で説明している諸問題のいずれにも関係する問題が存在することが分かってくることもある。

例えば、独占禁止法の場合、カルテル・企業結合・優越的地位濫用などの行為のいずれにおいても、そのような行為が国際的に行われたらどうなるか、という問題が登場する。しかし、カルテルの話の途中で国際問題を論じすぎると、話が横道にそれて重くなる。また、その話は、企業結合や優越的地位濫用などにも関係するはずである。そのような場合には、国際的な事案ではどうなるかという総論的な章を別に設けて議論すると、収まりがよくなる。

　この場合、総論であるから前に置く、という考え方もあり得るが、具体的な各論の前の総論が重くなりすぎると、読み手が疲れることもある。応用的な総論は後ろに置く、という方法もある。

(4) 階層化する

　章・節・段落などに分ける際には、適切に階層化し、全体の構造が分かるようにする。論理の階層が異なるものを並べないようにするのが、望ましい。粒度を揃える、とも言える。

　例えば、

- 常体（「である・であろう・であった」の形）
- 常体（「だ・だろう・だった」の形）
- 敬体（です・ます体）

という構造よりも、

- 常体
  - ▸ 「である・であろう・であった」の形
  - ▸ 「だ・だろう・だった」の形
- 敬体（です・ます体）

という構造のほうが、分かりやすい場合が多い。

　ただ、何事も、やりすぎは禁物である。ガイドラインや解説書な

どで、階層化に忠実でありすぎるために、見出しがかなり深い階層にまで及んでいる文書に接することがある。ある程度は妥協して、粒度の異なるものを同じ階層に並べるほうがよい場合もある。

(5) 標題・見出し

標題・見出しの基本的な考え方

文書全体の標題や、章や節などの見出しも、適切に付けることが必要である。

公用文考え方は、「見出しを追えば全体の内容がつかめるようにする。」としている（公用文考え方III－2エ）。どのような構造で書かれた文書か、要約すればどのような内容か、といったことが的確かつ簡潔に分かるようなものが望ましい。好きな作家の文学作品などであれば別として、法律文章で、何が論じられているのかを速やかに把握できないようなものは、読まれない可能性が高い。

標題・見出しの長さ

標題・見出しは、通常、1行で収まる短いものがよいと思う。

目次を作成した場合も、一部の章だけ章名が長く、2行になっていると、どことなく落ち着かない。全ての章名がそれぞれ1行になっていると、整頓された印象を与える。

定期的に使う規則の題名があまりに長いと、つらい。日常実務においてメールなどでその規則に言及しようとするたびに、どのように呼んで特定すればよいかを考える必要が生まれ、それがストレスとなる。仕組みを作る者は、そのような日常実務の模様も想像した上で、作業をすべきである（◀52～53頁）。

標題・見出しを付けるほどでない場合の工夫

標題や見出しを付けるほどではない小さな部分においても、論述の流れが分かるように示すのが望ましい。様々な方法があり得る。

段落の冒頭に要約を置くようにするのは、一つの方法であろう（◀60頁）。

何かを列挙していく場合に、「第1に、」「第2に、」「第3に、」といったシグナルを置く方法もある。

よく見かける例

この問題を解決する方法として、次の三つの方法が考えられる。第1に、……。

第2に、……。

第3に、……。

私の経験の範囲では、英文などでは、上記のように、柱書きと同じ段落の途中から「第1に、」を置く例を見かけることが多い。

私なりの改善例

この問題を解決する方法として、次の三つの方法が考えられる。

第1に、……。

第2に、……。

第3に、……。

私は、上記の例のように、柱書きだけで段落を終わらせて、その次で、「第1に、」も独立の段落とするほうが、視覚的には更に良いのではないかと考えている。条文において号を列記する場合も、柱書きに続けて改行せずに第1号を置くことはない。

「第1に、」「第2に、」「第3に、」が重いと感じる場合は、「まず、」「また、」「さらに、」などもある。「さらに」を漢字とするかどうかについては、後で述べる（● 169～170頁）。

(6) 内容的に分けるべきもの

　文書全体の構成の仕方は本書の守備範囲外としているが、内容的に、混じらないほうがよく、分けたほうがよいものがある。

　いずれの例においても、学理的に突き詰めれば境界線の近辺にグレーゾーンがある、究極的には区別できない、などといった異論はあり得る。しかし、最初からそれを言って混迷の中で絶望するのもよくない。まずは形(型)を学び、会得した上で、形を破る、という順序をたどるのがよいように思われる。

事実と規範

　判例などを読む際には、その事件の事実は何か、ということと、そのような事実に当てはめられる規範は何か、ということを、分けて理解するのがよい。

- 事実は何か
- 規範は何か
- 規範を事実に当てはめるとどのような結論となるか

の三つに分けて理解し、論じることを、「法的三段論法」という。

　事実と規範の順序は、絶対的なものではない。事実が理解されて初めて、どのような規範が関係するのかが決まるので、上記では、事実を前に出した。他方で、どのような規範があるかに照らして、事実を把握する際の角度や精度が変わるということもある。

　法的三段論法という形(型)は、判例を読み解く際にも有効であ

り、また、自分が何かを書く際にも有効である。

非伝聞と伝聞

　事実に関することであるという点では同じであっても、自分が確かめた事実と、伝聞で知った事実は、区別したほうがよい。伝聞で知った事実を伝える場合には、「……によれば、○○であるとのことである。」などを付けたい。伝聞で知った事実を、自分で確かめた事実と同等の表現で伝える文書は、信用されにくい。

　原文を確認すべきであるということ（◀54〜55頁）は、別の言い方をすれば、定かでない情報は可能な限り自分で確かめて、自信を持って読み手に伝えるべきである、ということでもある。

客観的内容と主観的意見

　客観的に言える内容と、書き手の個人的意見を、区別する必要がある[3]。

　このようにいう場合の客観的内容は、「事実と規範」という場合の「事実」だけであるとは限らない。条文はこうである、判例の立場はこうである、広く受け入れられた規範はこうである、といった説明も、客観的内容の描写となる。

　他方で、「事実」についても、主観的意見があり得る。自分の意見ではこの事件の事実認定はおかしい、このような事実関係であったはずである、という意見である。判例が示した規範を学ぼうとする場合に、事実について意見を長々と開陳したのでは、議論も理解も進まなくなる可能性があるが、文脈によっては、事実についての

3）　木下是雄『理科系の作文技術』（中央公論社（中公新書）、昭和56年）101〜117頁。

意見が貴重となることもある。

規範の階層

　例えば、民法では、多数の条が法律という単一の階層に存在しており、省令が出てくるとしても少なく、規範の階層を意識することは少ないかもしれない。

　それに対し、多くの法令では、法律、政令、府省庁令、ガイドライン、といった階層構造でルールが構成されている。そのようなルールを理解するには、階層構造の的確な把握が必須となる。

　このような現象を更に広く捉えると、例えば、国の制度があり、国のそのような制度の枠内で、例えば、個々の大学が具体的な制度を作って運用している、ということがある。国の制度と個々の大学の制度を比べると、使われている用語が微妙に異なり、同じ用語でも意味が異なることもある。個々の大学が、国の制度に反しない範囲で、自由に制度設計をするからである。

　そのような場合には、大学の制度を学生に説明するとき、国の制度と大学の制度を分けて、段階を追って説明するほうが、理解されやすい。両者を区別せず、縦横無尽に行ったり来たりして、用語もあちらを使ったりこちらを使ったりすると、理解されにくい。

　規範の階層構造を意識するメリットは多くあるが、その一つは、何かを変えるべきであると提言する際に、どこに働き掛ければよいのかが分かる、ということである。法律がおかしいのか、府省庁令がおかしいのか、所管官庁のガイドラインがおかしいのか、によって、伝える方法や相手方が変わる。議論の構えや、議論を起こすべき時期も変わるであろう。その点を踏まえていない提言は、重視されず、実現しない可能性が高い。

5 字下げ(インデント)

　段落の冒頭で1字分の空白を入れるか否かという話は、後で述べる（▶198頁）。

　ここでは、段落全体のレイアウトの問題としての字下げの問題を取り上げる。インデントの問題と呼ばれることも多い。

インデントがされていないと仮定した場合の条文（民法）

（裁判上の請求等による時効の完成猶予及び更新）

第百四十七条　次に掲げる事由がある場合には、その事由が終了する（確定判決又は確定判決と同一の効力を有するものによって権利が確定することなくその事由が終了した場合にあっては、その終了の時から六箇月を経過する）までの間は、時効は、完成しない。

一　裁判上の請求

二　支払督促

三　民事訴訟法第二百七十五条第一項の和解又は民事調停法（昭和二十六年法律第二百二十二号）若しくは家事事件手続法（平成二十三年法律第五十二号）による調停

四　破産手続参加、再生手続参加又は更生手続参加

2　前項の場合において、確定判決又は確定判決と同一の効力を有するものによって権利が確定したときは、時効は、同項各号に掲げる事由が終了した時から新たにその進行を始める。

　これは、読みにくい。

　きちんとインデントがされた条文は、次のとおりである。

> **インデントがされた条文（民法）**
>
> （裁判上の請求等による時効の完成猶予及び更新）
>
> 第百四十七条　次に掲げる事由がある場合には、その事由が終了する（確定判決又は確定判決と同一の効力を有するものによって権利が確定することなくその事由が終了した場合にあっては、その終了の時から六箇月を経過する）までの間は、時効は、完成しない。
>
> 　一　裁判上の請求
>
> 　二　支払督促
>
> 　三　民事訴訟法第二百七十五条第一項の和解又は民事調停法（昭和二十六年法律第二百二十二号）若しくは家事事件手続法（平成二十三年法律第五十二号）による調停
>
> 　四　破産手続参加、再生手続参加又は更生手続参加
>
> 2　前項の場合において、確定判決又は確定判決と同一の効力を有するものによって権利が確定したときは、時効は、同項各号に掲げる事由が終了した時から新たにその進行を始める。

　ここでは条文を例に掲げたが、仕事でやり取りされる文書においても、インデントがされておらず見出し番号が埋もれて、どこで切れるのかが分かりにくいものに時々接する。

　上記の例くらいの分量なら何とかなるのであるが、これが大量になると、頭の中の処理が重くなる。頭の処理能力は、このようなことに使わず、別の大切なことに振り向けたい。

　法令については、「配字」のルールがある[4]。上記の例に現れた

部分だけを拾うと、次のとおりである。

- 　条の見出しは、最初の括弧を第2字目として書き出す。
- 　条名の初字は、第1字目とする。「第〇条　……」のように、条名の次を1字空けて条文を書く。次の行に及ぶ場合の初字は、第2字目とする。
- 　項番号は、第1字目とする。その次を1字空けて条文を書く。次の行に及ぶ場合の初字は、第2字目とする。
- 　号名の初字は、第2字目とする。「〇　……」のように号名の次を1字空けて条文を書く。次の行に及ぶ場合の初字は、第3字目とする。

e-Gov 法令検索や紙の六法でも、そのようになっている。

6　文書全体の分量

　文書全体の分量は、様々である。

　ただ、広報的な文書で、短めであって1頁に収めることができるものであるならば、1頁に収めたほうがよい。何行かが次の頁に押し出されていると、全体像を把握しづらくなり、見栄えも良くない。読まれる可能性も減るのではないかと思われる。

4）　ワークブック新訂第2版808頁以下。

第3章 文

　この章では、個々の文の単位で私が気を付けていることを書いていく。厳密には文の単位ではないものもあるが、文書全体や章・節・段落というよりはミクロである、という意味である。

1　外国語であると考えることについて

　SNS などで時々見受けられる指摘として、「法的な文章というものは外国語だと割り切ったほうがよい。普通の日本語だと思って読むと読めない。」というものがある。

　私は、この指摘が言おうとすることは分かる気がするものの、やや偽悪的な表現でもあり、必ずしも同意できないと感じている。たしかに、法律文章には、普通の日本語の文章では見られない言い回しが用いられたり、用語の意味が普通の日本語とは違っていたり、ということはある。しかし、法律文章も日本語である。日本語を使って論理的に明瞭な表現をしようと試みたところ、このような表現となっている、という見方のほうが現実に近い。

　他方で、似て非なる指摘をしており私が重要だと思うものとして、清水幾太郎『論文の書き方』の次のような論説がある[1]。

　まず、その一節のみを取り出すと、「文章を書く人間は、日本語を一種の外国語として慎重に取扱った方がよい。」と主張している。

　私の理解では、この主張は、日本語を、自分が母語話者であることを暗黙の強みとして半ば本能的に使うのはやめるべきである、と

1）　清水幾太郎『論文の書き方』（岩波書店（岩波新書）、昭和34年（平成27年改版））97〜101頁。

いうものである。自分にとって母語である、相手にとっても母語である、という認識に甘えて、文が不明瞭になる。それが、「母国語に甘えてはいけない」という見出しや、「文章を書くのには、日本語に対する甘ったれた無意識状態から抜け出なければならない。」という論述に、表れている。

言い換えれば、日本語について、外国語を取り扱う場合と同じように、言語としての構造や特徴を客観的に捉えながら、きちんと向き合って用いるべきである、という主張であろう。過去に受講した授業を批判的に述懐して、「文法は、文章を論理的に構成するための基礎的ルールを、従って、論理的思惟の基礎的ルールを教えるものではなかったし、作文は、先生と生徒が或る種の文学趣味のうちで甘え合う時間であった。」としている。

外国語を学ぶことで、日本語が磨かれる、という経路も、示唆されている。「小さい一語一語の重みというもの、これらの一語一語から成る文章の組み立てというもの、つまり、定義及び文法ということになるが、これを私は外国書を読むことを通じて知り、これを日本文を書く仕事の根本に据えることが出来た。外国語という迂路を通らなかったら、私は日本語で文章を書く「手仕事のルール」を学ぶ折がなかったように思う。」。

法学においても、日本語というものに対する自覚の必要性は、かねてから指摘されている。日本法は、異質なものと異質なものとを練り直した特異な法文化という可能性を内に秘めており、「そうした法を支えている日本語の構造にも、もっと法律学者の視線が向けられて然るべきだともいえるのである。」2）。

2) 三ヶ月・前掲50頁注56)「法と言語の関係についての一考察」昭和47年論文集 284頁、昭和53年論文集294頁。

2 公用文考え方が掲げる留意点

　文について公用文考え方が掲げる留意点を引用すると、次のとおりである（公用文考え方Ⅲ－3）。掲げられた例は、割愛した。

　ア　一文を短くする。

　イ　一文の論点は、一つにする。

　ウ　三つ以上の情報を並べるときには、箇条書を利用する。

　エ　基本的な語順（「いつ」「どこで」「誰が」「何を」「どうした」）を踏まえて書く。

　オ　主語と述語の関係が分かるようにする。

　カ　接続助詞や中止法（述語の用言を連用形にして、文を切らずに続ける方法）を多用しない。

　キ　同じ助詞を連続して使わない。

　ク　複数の修飾節が述部に掛かるときには、長いものから示すか、できれば文を分ける。

　ケ　受身形をむやみに使わない。

　コ　二重否定はどうしても必要なとき以外には使わない。

　サ　係る語とそれを受ける語、指示語と指示される語は近くに置く。

　シ　言葉の係り方によって複数の意味に取れることがないようにする。

　ス　読点の付け方によって意味が変わる場合があることに注意する。

　以上のいずれも、基本的には、もっともな点である。公用文考え方解説で、更に詳しく述べられている（公用文考え方Ⅲ－3解説）。

　以上のことを別の角度からいうと、適切な英語に訳せるような日

本語になっているかという意識を持つ、ということかもしれない[3]）。

　以下では、上記ア〜スを参考としつつ、法律文章の読み書きの観点から私が感じるところを補足する。上記ア〜スの全てを取り上げるわけではない。

3 一文を短く？

(1) 簡潔明快な文とする

　公用文考え方の、一文を短く、一文の論点を一つに、といった点（公用文考え方 III − 3 ア、イ）は、少し抽象化すれば、簡潔明快な文とする、ということであろう。

　世の中は大量の文書で充満しており、一つ一つを熟読してはいられない。熟読しなくとも一目で大意を取ることのできる文を目指すほうが、伝わりやすい。

　予防線は、少なめのほうがよい。

予防線の多い例

　小規模事業者の軽減算定率、違反行為を繰り返した場合の加重算定率、違反行為を主導した場合の加重算定率、などがありますが、課徴金の算定率は、原則として 10％ です。

　読み手は、延々と読んでいって、最後に、課徴金の原則の算定率に関する話であったのかと分かる。

3）　安田峰俊『みんなのユニバーサル文章術』（星海社（星海社新書）、令和 4 年）38
　頁。同書 66 頁は、本書でも引用する書籍の著者である本多勝一や三島由紀夫が第
　一線で活躍していた時代は、インターネットもスマートフォンもなく、印刷された
　文字を、お金を払った読者が真剣に読んだ時代であり、特に「読みやすさ」の感覚
　が、当時と現代で大きく異なっている、と指摘する。

> **予防線を削った例**
>
> 　課徴金の算定率は、原則として 10% です。

　上記のような突き詰めた対応も可能であるが、例外に関する情報も提供したいという場合には、例えば、次のような方法がある。

> **予防線を後回しにした例**
>
> 　課徴金の算定率は、原則として 10% です。
>
> 　例外的な算定率には、次のようなものがあります。
>
> - 小規模事業者の軽減算定率
> - 違反行為を繰り返した場合の加重算定率
> - 違反行為を主導した場合の加重算定率

　予防線的な前置きが多くなる背景には、人の話を最後まで聞かず途中で割り込んで批判・叱責するなどの文化があり、批判・叱責される側がそれを嫌って前置きを長々と置くようになる、ということがあるように思う。文化や背景から改めていけば、そのような心配をする必要もなくなる。そうすれば、文を大切なことから始めやすくなり、社会的にも余裕が生まれるのではないか。

　もちろん、そのような文化や背景とは関係なく、つい、次のような文を書いてしまうことがある。下請法[4]の説明文である。

> **まず書いてみた原稿**
>
> 　独占禁止法より迅速に動けるよう、下請法の法執行は、命令よりも緩やかな勧告という制度を中心としている。

---

[4]　下請代金支払遅延等防止法。

一文の中の語順においても、何を言いたいのかをなるべく早めに出すほうがよい。文書全体の構成において、大切なことを早めに知らせる、というのと同じである（◀60〜61頁）。それを、一文の中でも実行してみると、例えば、次のようになる。

> **修正例**
> 　下請法の法執行は、独占禁止法より迅速に動けるよう、命令よりも緩やかな勧告という制度を中心としている。

(2) 文は短くなくてもよい

　一文は短いほうがよいということは理屈では分かるが、法律文章を書いていると、どうしても長い文を書きたくなるものである。複雑な内容を扱うのであるから、短い文ばかりでは適切に伝えにくいこともある。

　そのような素朴な感想の背中を押すように、「文は短くなくていい」として、公用文考え方の「一文を短くする」とは異なる指針を主張するものもある[5]。

　それによれば、「長くても読みやすい文」とするための心掛けとして、次のようなものがある。

- 　「文を先頭から一読して頭に入りやすい」
- 　「文全体のバランスが一目でわかりやすい」

　そこでは、ある月の「16日」の天気と「17日」の天気を並べて、一文で述べることに意味がある場合、前半の冒頭に「16日は、」を置き、後半の冒頭に「17日も、」を置く、という方法が提案されて

---

[5]　石黒圭『ていねいな文章大全』（ダイヤモンド社、令和5年）248〜252頁。

いる。

　これはつまり、先ほどの「下請法の法執行は、」や、段落ごとの冒頭のシグナルである「第1に、」「第2に、」など（◀64〜65頁）と、共通の発想によるものである。大切なことを早めに知らせる、ということがもたらす効果は大きい。

　とにかくここでも、最も重要であるのは、文や文章の短さそれ自体ではなく、同じ内容を少ないストレスで明瞭に伝えるにはどうすればよいか、である。

（3）括弧書きを減らす

　文の内容を厳密にするために括弧書きを用いるのは、効果的であることもあるが、せっかくの文を分かりにくくすることもある。

悪い例

　未就学児（特別に許可された者を除きます。）は入場できません。

　改善するには、括弧書きの括弧を外して独立の文としたり、括弧書きをそのまま末尾に移動させたり、といった方法がある。

改善例

　未就学児は入場できません。（特別に許可された未就学児は入場できます。）

　括弧書きに付き物である「除く」という表現は、思考の裏返しを求めるので、読み手にとって難しくなることがある。上記では、「除きます」という表現も改めた。

4 箇 条 書

箇条書(かじょうがき)は、明快な文とするために便利な技法である。

(1) 箇条書の概要

公用文考え方は、「三つ以上の情報を並べるときには、箇条書を利用する。」としている（公用文考え方 III − 3 ウ）。

これを常に守ると、箇条書の多すぎる法律文章になってしまう場合もあり、重要な場面に絞ったほうがよいのではないかとは思うが、一つの緩やかな指針として有用である。

なお、送り仮名「き」を付けて「箇条書き」とする文献も多いが、標準的な公用文では、送り仮名を省いて「箇条書」とすることになっている（● 178 頁、182〜183 頁）。ただ、「ただし書」とは違って、「箇条書」という文字列が法令で頻出するわけではないので、「箇条書き」という表記をしていても問題は少ない。

(2) 箇条書の後に重要な内容を残さない

箇条書は、それが終わった後に文を続けることもできる。

しかし、箇条書の後で意味が逆転すると、読み手は戸惑う。

悪い例

県としては、委託先の協会において、

(a) 政治的な圧力を受けて許可を取り消したこと

(b) あらかじめ周知していない基準に基づいて許可を取り消したこと

は、なかったことを確認しました。

上記の例は、SNS で炎上している件を鎮静化させようとする書

き込みにヒントを得て、私が創作したものである。

　上から読んでいくと、炎上している件について、調査の結果、事実関係を認めたのかと受け止められかねない。

　このような場合は、箇条書の前で言い切ったほうがよいと思う。

修正した例

　県としては、委託先の協会において次のようなことはなかったことを、確認しました。

　⒜　政治的な圧力を受けて許可を取り消したこと。

　⒝　あらかじめ周知していない基準に基づいて許可を取り
　　消したこと。

　それなりに改善されたが、上記の例では、なお、箇条書の前の「なかった」を見落とされてしまう可能性がある。言い換えれば、⒜と⒝の部分のみを切り取られて拡散される可能性がある。

　炎上の原因となっているようなことはしていないことを明確化するには、そのことを⒜と⒝の中に織り込んでしまう方法がある。

更に修正した例

　県としては、委託先の協会について、次のことを確認しました。

　⒜　政治的な圧力を受けて許可を取り消したわけではない
　　こと。

　⒝　あらかじめ周知していない基準に基づいて許可を取り
　　消したわけではないこと。

　⒝は、白紙から書くなら、否定の連続を避けて、「あらかじめ周知している基準に基づいて許可を取り消したこと。」とすると、更

に改善されるかもしれない。

(3)「いずれも」・「いずれか」

　法的な仕組みを発動させるために満たされる必要がある条件を、「要件」という。

　要件を箇条書で列挙する場合、列挙されたものを全て満たす必要があるのか、一つだけでも満たせばよいのかが、明瞭でないものを見かけることがある。

　例えば、「いずれも」又は「いずれか」を付けると明瞭となる。

明瞭に示した例

1　次のいずれも満たす場合に、単位を認定します。
　⑴　中間レポートを提出すること。
　⑵　期末試験で 60 点以上を得ること。
2　次のいずれかを満たす場合は、中間レポートを提出したものとみなします。
　⑴　授業第 5 回に実施する外部専門家講演会の企画委員を務めること。
　⑵　⑴に掲げた外部専門家講演会の要旨をまとめて参加者に配布する係を務めること。

　古い法令では、「いずれか」の意味で「一」と書いていたが、現在なら、法令でも、「いずれか」と書く（◀26 頁）。

(4) 例示列挙か限定列挙か

　箇条書で列挙されたものが、例示列挙であるのか、限定列挙であるのかは、なるべく、明瞭にしたほうがよい。

例示列挙とは、それ以外にもあり得ることを前提として、例を掲げたものである。

限定列挙とは、必ず、そこに掲げたもののいずれかでなければならない、というものである。

5 主語を明示し、それに述語を対応させる

(1) 主　　語

主語の明示

日本語には省略の美学があるとも言われ、敬語の使い方から主語を推測するといったことが学ばれていて、そのこと自体は奥ゆかしいことである。

しかし、法律文章では、通常は、主語を明示するのが望ましい。

明治などの古い時期に制定された法令では、それが現代語化されている場合を含めて、主語がないことも多い。可能な限り、主語が書かれている現代的な法令の条文から出発してトレーニングをし、その上で、主語のない条文に取り組んだほうがよいのではないかと思う6)。そうすれば、昔の条文を見ても、何が省略されているのかに気付きやすい。

主語の後には読点を打つ

主語の後には、なるべく読点を打つ、というくらいにしたほうがよい7)。「〇〇は、」や「〇〇が、」のようにである。

---

6)　興津征雄「法学の出発点としての条文」法学教室451号（平成30年）は、条文の読み方に関する優れた教材であるが、類似の問題意識を含んでいる。
7)　法令について、ワークブック新訂第2版698〜699頁。

> **悪い例**
>
> 　家庭裁判所は前項に規定する者の請求により、前条第 2 項の審判の全部又は一部を取り消すことができる。

　上記のような例は、メールなどで頻繁に見かける。二つの塊を漫然と読点なしでつなぎ、その後、徐々に気付いて読点を打ち始める、という現象である。私自身が書く場合を含めて、よくある。

　これでは、読み手に負荷がかかる。主語が何であるかが明瞭でないだけでなく、家庭裁判所が主語であると分かった場合でも、「規定する」が述語であるように見えてしまう。

> **改善例**
>
> 　家庭裁判所は、前項に規定する者の請求により、前条第 2 項の審判の全部又は一部を取り消すことができる。

　上記の改善例が、民法第 14 条第 2 項の実際の条文である。

例外的に主語の後に読点を打たない場合

　主語の後には読点を打つ、というルールを採用するとしても、例外がある。文全体の主語でなく、文の中で入れ子になった節の主語が、その好例である [8]。

> **節の主語の後に読点を打たない例**
>
> 　委員会は、事業者が所定の要件を満たした相談を行った場合には、相談の日から 14 日以内に回答する。

8）　法令について、ワークブック新訂第 2 版 698〜699 頁。

上記の例では、文全体の主語は「委員会」であり、その述語は「回答する」である。その全体構造が分かるように読点を打つ。

　節の主語である「事業者が」の後には読点を打っていない。そのことによって、その述語である「相談を行った」までの塊が文全体にとっての条件となっていることが、分かるようになっている。

　このような例外が有効であるのは、文全体が短めで、条件節を活用して全体を一つの文にまとめたほうがむしろ分かりやすい、という前提があってのことである。文全体が長い、条件節が複雑である、といった場合には、複数の文に分けたり、条件を箇条書にしたりする工夫を、考えたほうがよいことがある。

(2) 主語と述語の対応

　公用文考え方は、「主語と述語の関係が分かるようにする。」としている（公用文考え方Ⅲ-3オ）。

主語と述語を対応させる

　専門的なやり取りでは特に、言葉が省略されて、主語と述語が対応しなくなることがある。

　例えば、「大規模小売業者による従業員派遣が優越的地位濫用の問題となる。」と言われることがある。

　この文脈で独占禁止法の優越的地位濫用が出てくるのは、通常、大規模小売業者が従業員派遣をする場合ではなく、大規模小売業者が納入業者に対して従業員派遣を要請する場合である。

　そうであるとすると、「大規模小売業者による従業員派遣の要請が優越的地位濫用の問題となる。」としたほうがよい。

　上記のようなことは、専門的に議論していれば、言われなくとも

分かることではある。しかし、少なくとも、専門家ではない人の目にも触れる文章においては、「要請」という一語を加える配慮が望ましい。この一語を加えるだけで、疑問はかなり払拭できる。

主語かどうかを明瞭にする

上記の例では、大規模小売業者の行為は優越的地位濫用の問題とされることが多い、という前提の上で、話を進めた。

そうではなく、前提とする事実関係が共有されていない場合には、気を付ける必要がある。

例えば、「A社の拘束」という表現には、全く異なる二つの意味があり得る。A社が拘束するのかもしれないし、A社が拘束されるのかもしれない。

私自身、「A社の拘束」と書いてしまうことはよくある。

しかし、気付いたときには可能な限り、A社が拘束するのなら「A社による拘束」と書き、A社が拘束されるのなら「A社に対する拘束」と書くようにしている。

主語の変遷に適切に対応する

文の中で、述語に対応する主語が変遷することがある。

> **主語の変遷が分かりにくい例**
> 売手がインボイス発行事業者ではないことを前提として取引価格を決定する。

上記の例の前半は、「売手（うりて）」が主語であり、「売手」がインボイス発行事業者では「ない」ことを示している。

後半についても、普通の読み手は、この文の主語は「売手」であ

り、「売手」が「決定する」と思うであろう。

しかし、インボイス制度のもとでの価格決定を独占禁止法などの観点から語る文脈では、価格決定は買手が主導している、という場合や、売手と買手が協議している、という場合が、多い。

そうであるとすれば、そのことが分かるようにしたほうがよい。仮に、取引価格の決定を誰が行うのかは明示せず曖昧に表現するとしても、次のようにしたほうがよい。

> **改善例**
>
> 　売手がインボイス発行事業者ではないことを前提として、取引価格を決定する。

読点を、1個、打っただけである。

効果的な例外

例外的に、「は」の前と後が対応しないために味があって有効となることもある。ポスターなどにおいて短い文でインパクトを与えようとする場合などである。例として、「当店は現金のみです。」などがある。「象は鼻が長い。」の「鼻が」の部分が省略されたものであると言えるかもしれない。

6　どこまで係るのかを明らかにする
（1）係り受けに関する基本的な考え方

修飾語・修飾句・修飾節などがどこまで係るか、も、可能な限り明瞭で紛れがないようにしたほうがよい。「その」や「あの」などの指示語が何を指すかも、同様である。公用文考え方では、Ⅲ－3　ク・サ・シなどがそれに当たる（◀73頁）。

> **悪い例**
>
> 　私にとって、翻訳書である『競争法ガイド』と『独禁法講義』は、いずれも大切である。

　上記の例では、『競争法ガイド』だけが翻訳書であるのか、それとも『独禁法講義』も翻訳書であるのか、よく分からない。

> **改善例1**
>
> 　私にとって、翻訳書である『競争法ガイド』と、『独禁法講義』は、いずれも大切である。

> **改善例2**
>
> 　私にとって、『競争法ガイド』（翻訳書）と『独禁法講義』は、いずれも大切である。

　上記の悪い例とは逆に、後ろにある言葉が遡ってどこまでを受けるのかが、よく分からないこともある。

　例えば、「弘文堂の法律書以外」と書かれていると、「以外」が遡ってどこまでを受けるのかが、分かりにくい。例えば東京大学出版会や有斐閣の法律書のことを言おうとしているのか、それとも、例えば土居健郎『「甘え」の構造』のような弘文堂の書籍のことを言おうとしているのか、よく分からない。前者であるなら、「弘文堂以外の法律書」などとすべきであろう。後者であるなら、「法律書以外の弘文堂の書籍」などとすべきであろう。

　以上のような例のほか、修飾句や修飾節が複数ある場合は、長いものを先に、ということは、よく言われている。

（2）否定形は紛れを起こしやすい

否定形は、どこまで係るかの紛れを起こしやすい。

> **悪い例**
>
> 　合意があったことが立証された場合でも、当然に違反は成立しない。

そもそも、上記のように否定形で終わらず、「当然に違反は成立する。」という肯定形で終わるとしても、法律文章に特有の言い方である。

肯定形で、「合意があったことが立証された場合、当然に違反は成立する。」というときは、合意があったとされたならば、それだけで違反が成立し、反論は認められない、という意味合いがある。

それでは、上記の否定形の例は、どうであろうか。

二つの読み方があり得る。

第1は、違反の成否は合意の有無に無関係である、という読み方である。合意があったという証拠をいくら並べても、違反の成立を示すことには役立たない、という意味合いになる。

第2は、合意があったことが立証されることは、違反の成立を示すことに役立ちはするが、それだけでは足りない、という読み方である。合意があったことも違反要件であるが、それ以外にも違反要件がある、という場合などである。

> **改善例（上記第1の場合）**
>
> 　合意があったことが立証された場合でも、違反が成立しないのは当然である。

> **改善例（上記第 2 の場合）**
>
> 　合意があったことが立証された場合でも、当然に違反が成立する、とは言えない。

次の例では、「ない」が遡って何を受けるのかが不明瞭である。

> **悪い例**
>
> 　独占禁止法の弊害要件は、反競争性と正当化理由がないことを条件として成立する。

「弊害要件」とは、違反要件のうち弊害に関するものを、便宜上、そのように呼んでいるものである。

　上記の例では、反競争性は、存在することが必要であるのか、存在しないことが必要であるのか、判然としない。

> **改善例**
>
> 　独占禁止法の弊害要件は、反競争性があることと、正当化理由がないこととを、条件として成立する。

　つまり、悪い例は、反競争性が「ある」と述べることを怠っていたために、紛れを生じていたことが分かる。

　似た例として、次のようなものがある。あるところで、商品の不当表示とされる可能性がある例とされていた。

> **悪い例**
>
> 　毎月の保険料はずっと上がりません。

　毎月の保険料は永久に固定されたままである、もしかしたら下がるかもしれない、と思って一般消費者が商品を購入したのに、保険

料が、永久に上がり続けるというわけではないが、時々上がった、というようなケースである。

つまり、「ません」が、遡って、「上がる」だけを否定するのか、「ずっと上がる」を否定するのかが、不明瞭であった。

> **悪い例**
> 　裁判所は、昨日、Xさんの請求を認容しなかった。

多分、裁判所はXさんの請求を認容しなかったのであるが、それに対し、僅かな可能性として、裁判所はXさんの請求を認容したのであるが昨日ではなかった、ということもあり得る文面である。

> **改善例**
> 　裁判所は、昨日、Xさんの請求を棄却した。

このように、否定形でなく、逆の意味を持つ別の用語を使って肯定形で表現すれば、紛れを起こす可能性を解消できることがある。

(3) 二重否定は避けるべきか
二重否定に関する原則

二重否定は人気がない。公用文考え方も、「二重否定はどうしても必要なとき以外には使わない。」としている（公用文考え方 III−3コ）。「○○せざるべからず」や「○○せずんばあらず」といった昔の言い回しの名残であって、分かりにくいのでやめるべきである、という指摘に接したこともある。

たしかに、分かりにくいという側面はあるので、必要もないのに二重否定を用いるのは、避けたほうがよいであろう。

法的な議論における例外

しかし、法的な議論においては、二重否定が必要となる場合が、確実にある。

例えば、「見込みがない」ことが法律上の要件となっている場合には、「見込みがない」と言えるか、それとも、「見込みがない」とは言えないか、が問題となる。

やや根本的なところから話すならば、法的な議論の次のような事情がある。それは、法的な議論においては、「A でない」と「A である」の二つだけに分かれるのではなく、その中間に、「A でないとも、A であるとも、どちらとも言えない」という領域があることが重要である、という事情である。

法的な議論には、「立証責任」という重要な概念がある。「証明責任」や「挙証責任」と呼ばれることもある。

訴訟で問題となる「A」という要件について、「A でない」ことの立証責任を甲さんが負う、という場合には、どうなるか。

裁判官から見て、「A でない」と言えるのであれば、その要件について、甲さんに有利な判断をすればよい。「A である」と言えるのであれば、その要件について、相手方である乙さんに有利な判断をすればよい。

問題は、「A でないとも、A であるとも、どちらとも言えない」という場合である。この場合に、立証責任がある側に不利な判断をする、というのが、立証責任という概念である。「A でない」ことについて甲さんに立証責任があるのであれば、「A でないとも、A であるとも、どちらとも言えない」という場合には、甲さんに不利で、乙さんに有利な判断となる。

このような場合、裁判官は、乙さんに有利な判断をするには、

「A である」と結論付ける必要はなく、「A でないとは言えない」と結論付ければよいことになる。「A である」であっても、「A でないとも、A であるとも、どちらとも言えない」であっても、乙さんに有利な判断となることには違いはないのであり、この二つを統合すると、「A でないとは言えない」となる。「A でないとは言えない」は、「A である」を含むが、「A である」より広い。

　このように見れば、「「A でないとは言えない」などと回りくどく言わずに「A である」と言えばよい。」という、ありがちな文章マナーは、通用しないことが分かるであろう。

　二重否定は、必要もないのに使うことのないよう注意すべきであるが、法的な論理を明瞭に示す必要がある場合には、堂々と使ってよい。

(4) 1 単語にまとめてしまう

　どこまで係るのかが不明瞭となる原因が、いくつもの単語が出てくることにある、ということは多い。

　そのような場合には、いくつもの単語を 1 単語にまとめてしまう、という解決方法を使えることがある。

悪い例

　フリーランス法は、令和 6 年 11 月 11 日までの政令で指定する日から施行される。

　「までの」は、「日」に係るつもりで書いているのであるが、「政令」に係るようにも見える。例えば、令和 6 年 11 月 11 日に公布された政令で、令和 7 年 4 月 1 日から施行すると規定することも、できるように読めなくはない。

> **改善例**
>
> 　フリーランス法は、令和 6 年 11 月 11 日までの政令指定
> 日から施行される。

　「政令で指定する日」を「政令指定日」という 1 単語にまとめた
ので、「までの」が「日」（政令指定日）に係ることが明瞭である。

　本物のフリーランス法[9]附則第 1 項では、「この法律は、公布の
日から起算して一年六月を超えない範囲内において政令で定める日
から施行する。」と規定されている（原文にはルビはない。）。「にお
いて」は名詞に係らないので、「政令」に係るか「日」に係るかと
いう紛れが生じていない。

> **悪い例**
>
> 　修士課程を修了または学部を卒業見込みの者は、証明書の
> 提出を要する。

　修士課程について、証明書の提出を要するのが、修了した者であ
るのか、修了見込みの者であるのかが、不明瞭である。このような
指摘に対しては、意味を考えれば分かる、という「お叱り」がある
のが、昔からのよくある反応である。しかし、立ち止まって考えな
くとも明瞭に分かる簡潔な表現があるなら、そのほうがよい。

　中間的な改善案として、「修士課程を修了見込みの者または学部
を卒業見込みの者」というものもあり得る。

　しかし、更に徹底すると、次のようになる。

9）　特定受託事業者に係る取引の適正化等に関する法律。

> **改善例**
>
> 　修士課程の修了見込者または学部の卒業見込者は、証明書
> の提出を要する。

　上記の例のように、「修了見込者」と「卒業見込者」という名詞
を造語し、それらを用いて表現するほうが更によい。そうすれば、
「悪い例」のような起案がされること自体が、なくなるであろう。

　既に修了した者や既に卒業した者にも言及する場合は、「修了者」
や「卒業者」という別の用語を使えば、「修了見込者」や「卒業見
込者」と明瞭に区別できる。

　以上のことを逆に言い換えると、まとめて1単語となっているも
のを、長いからといって不用意に分割すると、かえって意味が不明
瞭となる場合がある、ということでもある。

> **問題のない例**
>
> 　その分野には、複数のデジタルプラットフォーム提供者が
> 存在する。

　「デジタルプラットフォーム提供者」を分かりやすくしようとし
て不用意に分割すると、次のようになる。

> **改悪例**
>
> 　その分野には、複数のデジタルプラットフォームを提供す
> る者が存在する。

　もし、「複数の」が「者」に係ると読めるのであれば、「問題のな
い例」と同じ意味となる。

　しかし、上記の改悪例では、「複数の」は「デジタルプラットフ

ォーム」に係ると読む人のほうが、多いのではないか。そうすると、意味が変わってしまう。

　もし、意味を変えず、かつ、「デジタルプラットフォーム提供者」という用語を分割したいのであれば、次のような方法がある。

問題のない別の例

　その分野には、デジタルプラットフォームを提供する者が、複数、存在する。

　「複数存在する」とすると、「複数」というキーワードが埋没するので、私なら、上記の例のように読点を打つ（▶95〜96頁）。

(5) 同じ助詞の連続を避ける

　公用文考え方解説は、「の」「に」「も」「て」などのうち一つの同じ助詞を連続して使うと、文が長くなるだけでなく稚拙な印象を与えるおそれがある、としている（公用文考え方 III - 3 キ解説）。

　例として、「本年の当課の取組の中心は…」が挙げられ、改善例として、「本年、当課が中心的に取り組んでいるのは…」が挙げられている。

　一応の目安として、「3個連続は多すぎる。」と考えておくとちょうど良いように思われる。

　3個の「の」のうち1個を書き換えて2個連続にするという程度なら、多くの場合は許容されると思う。「当課」をめぐる上記の改善例は、多様な書換えの方法を示そうとしたものと考えられる。

　稚拙な印象を防ぐと同時に、どの用語がどの用語に係るかを自己点検するためにも、「3個連続は多すぎる。」の目安は有益である。

7 単語の切れ目を明瞭にする

(1) 異なる単語の漢字と漢字の連続をなるべく避ける

短文による SNS で、「裁判長引いて子供のお迎えに遅刻なう。」という書き込みに接したことがある（少し改変した。）。

一瞬、私は、「裁判長」が何かを「引い」たのかと思った。しかし、多分、「裁判」が「長引い」たのであろう。

短文による SNS であるから、「が」がないのは普通であり、それをここで指摘しようとするものではない。

とにかく、このように、異なる単語の漢字と漢字が連続すると、異なる意味に受け止められたり、そこまで行かないとしても、読みにくくなったりする。

法律文章は、口頭などの聴覚で伝わることもあるが、書面などの視覚で伝わることが圧倒的に多いと思われる。

そうすると、単語と単語の間の見た目の区切りも重要となる。

そのような目で見ると、異なる単語の漢字と漢字が連続してしまっている例には、しばしば接する。

異なる単語の漢字と漢字が連続している例

(a) 価格協定は通常違反である。

(b) 現在独占禁止法は、……

(c) A 社は、B 社を介さず、C 社と直接価格交渉をした。

(d) 昔学生から問われた。

(e) 本来公用文は、……

上記のような例に対しては、様々な解決方法がある。読点を打つ方法、平仮名を挟む方法、いずれかの単語の漢字を平仮名にしてしまう方法、前の単語の末尾を「々」のように切れ目があると認識さ

れやすいものにしてしまう方法、などである。

改善例

(a) 価格協定は、通常、違反である。

(b) 現在、独占禁止法は、……／現在の独占禁止法は、……

(c) A社は、B社を介さず、C社と直接の価格交渉をした。

(d) 昔、学生から問われた。／むかし学生から問われた。

(e) 本来、公用文は、……／元々公用文は、……

　漢字が連続しても気にしない人も多いようなので、私が気にしすぎているのかもしれない。

　しかし、伝わりやすい文章のためには視覚が重要であり、日本語には漢字と平仮名の併用による視覚効果があることは、本書で引用している文献の多くが指摘するところである。

　また、法律文章の観点からは、次のことにも思い当たる。

　法令などで用語を定義する際、漢字を重ねて複合的な単語を造語していくことが多い。「子会社」の後に「等」を加えて「子会社等」という造語をしたり、その前にあれこれと加えて「特定非違反供給子会社等」という造語をするなどである。そして、それぞれの用語に、別々の定義がされる（➡ 134〜135頁）。

　そういったものに慣れていればいるほど、漢字と漢字が連続したものを見ると、何か独特の意味が付与されているのではないか、と一瞬なりとも考えてしまう。「通常違反」以外に「特別違反」などがあって、それと比較しているのではないか、とか、「直接価格交渉」という用語が法令や契約書のどこかで定義されているのではないか、などと思ってしまうわけである。そうでないのなら、むやみに漢字を連続させないほうがよいように思われる。

（2）異なる単語の平仮名と平仮名の連続をなるべく避ける

漢字と漢字の境界線を平仮名が担うことがある、となると、異なる単語の平仮名と平仮名が連続すると境界線が不明瞭となるのではないか、ということも気になってくる。

私は、つい最近まで、「ただし書」でなく「但書」と書くようにしていた。法令での表記が「ただし書」となっていることは知っていたが、名詞は、先行する助詞や助動詞などに続くことも多いため、名詞の冒頭が平仮名であると、異なる単語の平仮名と平仮名の連続が起きやすくなるからである。

ただ、最近では、「但し、」と書かれたただし書が減り、「但書」と書いても何のことか理解されない時代になってきた可能性がある。私も、「ただし書」と書くようにしている。

英語の比較級に相当する意味であることを示そうとして、「より＋用言」という形で「より」を使うのには、注意したほうがよいと思う。「プログラムをより速く動かしたい」なら、「を」と「より」の間に境界線があることが理解されやすい。しかし、「人間により優しい」となると、「人間に、より優しい」という意味であるのか、「人間により、優しい」という意味であるのか、判別が難しくなる。「プログラムを更に速く動かしたい」「人間に対してますます優しい」、などとするほうが無難であるように思われる。

（3）一つの概念の途中に平仮名が入るのをなるべく避ける

単語と単語の視覚的な境界線を平仮名が担うことがある、ということを逆に考えると、一つの概念の途中に平仮名が入れば、かえって災いする場合があることに気付く。

独占禁止法の専門家を含む多くの人が「優越的地位の濫用」と書

くものを、私は、「優越的地位濫用」と書くようにしている。「の」が途中に入ると、一つの概念として視認されにくい。

　現に、「優越的地位の濫用規制」や「優越的地位の濫用行為」という表現を見かける。書き手は、「規制」や「行為」が「優越的地位の濫用」の全体を受けていると考えていると思う。しかし、読み手、特に非専門家である読み手は、そのように理解するであろうか。「濫用」だけを受けていると理解するのではないか。

　私の方法では、「優越的地位濫用規制」「優越的地位濫用行為」と書くので、その問題は生じないと思っている。

　「の」が入る「優越的地位の濫用」が、法令で定義されるなどした用語であるならば、仕方がない。独占禁止法の平成21年改正に伴う一連の改正[10]までは、公正取引委員会の告示における項の見出しに、「優越的地位の濫用」というものが存在した。しかし、平成21年改正の後、「優越的地位の濫用」という文字列は、告示には残っておらず、法令から消滅している。

　法令で定義された用語の途中に平仮名が入っているなら、ある程度は仕方がないが、それでも、工夫の余地はある。例えば、独占禁止法第2条第9項で「不公正な取引方法」という用語が定義されていることに起因して、「不公正な取引方法該当行為」という表現に接することがある。これは、「不公正な取引方法に該当する行為」とするなどの工夫が可能である。

10）　平成21年法律第51号、平成21年公正取引委員会告示第18号。

8 前後・上下・左右などを不用意に入れ替えない

> **悪い例**
> 　参議院と衆議院の違いの一つは、解散があるかないかである。

　参議院には解散がなく、衆議院には解散がある。上記の例では、「参議院と衆議院」という順序となっているのに、解散については「あるかないか」という順序となっている。

　上記は、常識に照らせば読み間違いにくい例であるが、そうではない例で、このような順序の混濁があると、読み手は迷う。

　アンケート結果を示す資料で、「参考とならなかった。」が1点、「参考となった。」が5点で、左から右へと点数が増えるようなグラフがあったとする。そうであるならば、その文書の全体において、好ましくないものが左、好ましいものが右、となるように統一するほうがよい。上記のようなグラフを示した直後に、「配布資料は分かりやすかった。」が左で、「配布資料は分かりにくかった。」が右となるグラフがあると、読み手は迷う。

　これと同様の考えで、私は、競争法の解説で図を描く際、競争関係にあるという意味で「水平」の関係にある事業者らは横に並べ、取引関係にあるという意味で「垂直」の関係にある事業者らは縦に並べるようにしている。

　世界的にも、同じ意味で「horizontal」「vertical」と呼ばれているので、「水平」「垂直」は、世界共通語である。競争関係にある2社による企業結合は「水平型企業結合」（horizontal merger）と呼ばれる。垂直関係にある2社が既に1社に統合されている状態は「垂直統合」（vertical integration）と呼ばれ、この用語は競争法だ

けでなくビジネス全般で使われている。

　そうであるならば、図を描く際には、競争関係にある者らを横に並べ、商品役務は上から下に流れていくようにする。川上（upstream）や川下（downstream）という言葉もあるからである。

　競争関係にある者らを「水平」の関係と呼びながら、そのような者らを縦に並べ、商品役務が右に流れていくような図は、描かないようにしている。

9　読点の打ち方

(1) 読点の打ち方の概要

　大物は章の最後に登場してもらうことにした。読点の打ち方である。大物であるだけに、既に断片的に何度か登場しているが、それらを含みつつ更に広がりのある問題である。以下、重複を気にせず、読点の打ち方に触れる。

　読点の打ち方については公用文考え方のうちⅢ−３スが取り上げているが、短い言及のみである（◀73頁）。詳しく述べると深みに分け入ることになるからであろうか。

　音読する際に息継ぎをする箇所に読点を打つ、それ以外は打たない、という人もいる。一つの重要な見識である。

　しかし、文章は、音声だけでなく、視覚によって伝わることもある。むしろ、現代では、視覚によって伝わることのほうが圧倒的に多いのではないか。そうであるとすれば、読点の打ち方を考える際にも、視覚的な伝わりやすさという要素を重視すべきであろう。読み手の目にどう映るか、である。

　なお、読点には、「，」でなく「、」を使うのが原則である（▶189〜190頁）。

（2）本多勝一『日本語の作文技術』が示す諸原則

　法律文章という問題設定より遥かに広く、実用的な文章という文脈で考えて、読点の打ち方のルールを言語化して最も受け入れられたのが、本多勝一『日本語の作文技術』が示す諸原則ではないかと思われる。

　同書がまとめた諸原則は、次のとおりである[11]。そこでは、読点は「テン」と呼ばれている。

- 「第一原則　長い修飾語が二つ以上あるとき、その境界にテンをうつ。（重文の境界も同じ原則による。）」
- 「第二原則　原則的語順が逆順の場合にテンをうつ。」
- 「右の二大原則のほかに、筆者の考えをテンにたくす場合として、思想の最小単位を示す自由なテンがある。これによって文章にさまざまな個性が生ずるが、それは「いいかげんなテン」ということとは正反対の極にある。」

　第一原則の本体は明快である。「重文」の例としては、「ケネディー大統領をダラスのパレード中に暗殺し、下山国鉄総裁を自殺とみせかけて暗殺する。」という例が掲げられている。これも、上記の第一原則、すなわち、長い修飾語が二つ以上ある場合に境界に読点を打つ、という考え方の一種であるとされている[12]。

　第二原則にいう「原則的語順」とは、「長い修飾語は前に、短い修飾語は後に。」[13]という語順を指しているようである。これとは逆順になる場合に読点を打つ。短い修飾語のほうを前に出して強調し

---

11)　本多勝一『〈新版〉日本語の作文技術』（朝日新聞出版（朝日文庫）、平成27年）130頁。太字指定は本書において解除した。同書89〜157頁の「第四章　句読点のうちかた」の全体によって、同書130頁に掲げられた諸原則の論証が行われている。
12)　本多・前掲注**11**）120〜124頁。
13)　本多・前掲注**11**）66頁（ルビ省略）。

たい場合などが想定されている。

「思想の最小単位を示す自由なテン」という考え方は、第二原則とも重なるところがあると思うが、同書は、第二原則とは重ならない顕著な例として、「父は死んだ。」という文と「父は、死んだ。」という文を、並べて掲げている[14]。

法律文章では、なるべく主語の後には読点を打つ、と述べた（◀ 81〜82頁）。法律文章には主語を特に明確にしようとする思想があるのである、と考えればよいかもしれない。

もちろん、本多勝一『日本語の作文技術』が聖典であるわけではないので、法律文章の原則が同書の諸原則のとおりである必要はない。

同書自身も、同書が掲げた諸原則のほかに重大な原則はないと断言することはできない旨を述べて、「さらに究明して、もし見つかれば加えてゆきたい。」としている[15]。

(3) 文の構造を視覚的に示す

以上のように述べても、やはり、法律文章では、本多勝一『日本語の作文技術』の諸原則だけに従った場合よりは、読点が多くなるように思う。

それを説明するには、読点には、文の構造を視覚的に示すという役割がある、ということを、更に正面から包括的に認めたほうがよいのではないか、と思われる[16]。

---

14)　本多・前掲注11) 111〜112頁。
15)　本多・前掲注11) 130頁。
16)　同様の例として、石黒・前掲注5)『ていねいな文章大全』は、「係り受けのテン」（同書167頁）のほかに「構造のテン」（同書169頁）があるとして説明している。

> **例1**
>
> 　メーカーが小売業者に対して販売価格は指示せず、販売方法のみを指示した。

上記の例1でも、読めなくはない。

> **例2**
>
> 　メーカーが、小売業者に対して販売価格は指示せず、販売方法のみを指示した。

上記の例2では、主語の後に読点を打った。

> **例3**
>
> 　メーカーが、小売業者に対して、販売価格は指示せず、販売方法のみを指示した。

　上記の例3は、「小売業者に対して」が、「指示せず」にも係るが「指示した」にも係るので、そのことを示したい、というものである。文の論理構造が明らかになっている。

　このあたりになってくると、読点が多すぎるという意見も出てくるかもしれない。他方で、これでこそ構造が明確になる、という見方もできる。

　以上のほかに、漢字と漢字の間や、平仮名と平仮名の間に、区切りを入れるために読点を打つことがある（◂95〜97頁）。

（4）読点の有無が憲法解釈において話題となる例

　読点の打ち方の締めくくりとして、憲法解釈を取り上げる。

> **読点の有無が日本国憲法の解釈において話題となる例**
> 第七十二条　内閣総理大臣は、内閣を代表して議案を国会に
> 　　　提出し、一般国務及び外交関係について国会に報告し、並
> 　　　びに行政各部を指揮監督する。

「内閣を代表して」という文言は、内閣総理大臣が独自の判断で行うのでなく、閣議の了承を得て行う、ということを意味すると考えられている。

その上で、「行政各部を指揮監督する」にも「内閣を代表して」が係るか、ということが問題となる。

第1に、条文を普通に読むと、「内閣を代表して」の次に読点がないため、「内閣を代表して」は、「議案を国会に提出し」だけに係るようにも見える。

第2に、しかし、「内閣を代表して」は「行政各部を指揮監督する」にも係る、という解釈が、有力に提唱されている。

日本国憲法の法制局審査の時より後に内閣法制局に入った長官経験者が、上記の第2の立場から、長官在任中の具体的問題を念頭に置きながら、憲法第72条の条文について、「あれは「、」が足りない。打ち忘れたのだ。」と述べた例がある[17]。

もしそうであるとすれば、憲法第72条は、二つの塊を漫然と読点なしでつなぎ、その後、徐々に気付いて読点を打ち始める、という現象（◀82頁）の一例であるということになる。

---

17)　牧原出編『法の番人として生きる 大森政輔 元内閣法制局長官回顧録』（岩波書店、平成30年）255〜258頁（引用は257頁）。

第4章　用語

　第2章では文書全体、第3章では文、に焦点を当ててきた。

　この章では、単語に焦点を当てる。法律文章を論じる際には「用語」と呼ばれることが多い。

　公用文考え方では、IIが、用語の問題を扱っている。そのうち、次のものは、一般的で当然の心構えである。

　　II-6　文書の目的、媒体に応じた言葉を用いる

　　II-7　読み手に違和感や不快感を与えない言葉を使う

　それらは当然に踏まえることを前提として、以下では、公用文考え方IIのそれ以外の諸点に照らしながら述べていく。

1　造語について

　日本法が日本語によって成り立っている、ということは、当然のことであるように考えられているが、実はそうではない。そして、その背景に、他の要素とともに、日本語の中に取り込まれた「漢字のもつ殆ど無限の新語造成力」がある、と指摘されている[1]。そのことが、外国から流入したものや、新技術によって創成されたものへの対応を、日本語によって、可能とさせている。

　そのような造語の力は、基本的には前向きに捉えるべきものであるが、行きすぎは禁物である[2]。

----

[1]　三ヶ月・前掲50頁注**56**)「法と言語の関係についての一考察」昭和47年論文集281〜283頁、昭和53年論文集291〜292頁。

[2]　谷崎潤一郎『文章読本』「三　文章の要素」「用語について」(中央公論社、昭和9年（中公文庫・平成8年改版）)100〜126頁。

2 専門用語

　公用文考え方は、専門用語について、語の性質や使う場面に応じて次のように対応する、としている（公用文考え方Ⅱ-2）。

　　ア　言い換える。

　　イ　説明を付けて使う。

　　ウ　普及を図るべき用語は、工夫してそのまま用いる。

　それぞれ参考となるが、イとウはかなり重なっているようにも思われる。そこで以下では、アと、イ・ウとに、分けて述べる。

(1) 言い換える

　専門用語を言い換える、ということは、その専門用語は使わないほうがよいのではないか、ということでもある。

　書き手や読み手のそれぞれに好みもあり、どれを使わないようにするかの絶対的な基準があるわけではない。

　そのことを確認した上で、読み手に理解されにくいものをいくつか例示すると、次のとおりである。

○○性

　法律文章では、普通の文章では使われないような形態で「○○性」という言葉が使われることが多い。「事業者性」などである。

　これは、「○○という要件を満たすこと」を指す。「要件」については、既に述べた（◀80頁）。「事業者性」を例に取ると、独占禁止法や景品表示法[3]のように、法律に違反する要件として行為者が「事業者」に該当することを求めている場合に、「事業者性が要

----

[3]　不当景品類及び不当表示防止法。

件となる。」と言ったり、SNS 上のインフルエンサーが「事業者」に該当するか否かを論じる場合に「インフルエンサーの事業者性」と言ったりする。「事業者該当性」などのように「〇〇該当性」と呼ばれることもある。

　短く書きたい気持ちは分かるが、私は、この「〇〇性」は、必要以上に法律文章を難しく見せ、近寄り難いものとしていることが少なくないように思っている。「事業者に該当することが要件となる。」、「事業者の要件」、「インフルエンサーは事業者に該当するか。」、などでもよいのではないか。

　それでも記述の簡略化のために使いたい、というのであれば自由であるし、私も、使うことがあるかもしれない。

　しかし、次の点を指摘しておきたい。

　民法第 466 条には、「債権の譲渡性」という見出しが付いている。

　この「譲渡性」は、「譲渡という要件を満たすこと」を指す言葉であろうか。多分、違う。第 1 項本文を見ると、「債権は、譲り渡すことができる。」と規定されている。「譲渡性」とは、そういうこと、つまり、要件ではなく、譲渡をすることができるという性質を表現しているのである。

　民法の条の見出しには、それ以外にも、「地役権の付従性」（第281 条）、「地役権の不可分性」（第 282 条）、「留置権の不可分性」（第 296 条）、「先取特権の不可分性」（第 305 条）、「将来債権の譲渡性」（第 466 条の 6）、「解除権の不可分性」（第 544 条）、などがある。いずれも、要件ではなく、性質を表現していると考えられる。

　このような中で、条文に書かれているわけでもない「事業者性」などといった言葉を使うのか、読み手を迷わせ混乱させることはないか、ということを、まずは自省してから、必要に応じて、使うこ

とが求められるように思われる。

○○主体

　景品表示法に、「表示主体」と呼ばれる論点がある。

　例えば、次のような事例がもたらす論点である。衣類の輸入業者が、衣類はルーマニア製であるのに、偽って、衣類への下げ札に「イタリア製」と書き込んでいた。小売業者は、そのような衣類を輸入業者から購入し、「イタリア製」という表示が不当表示であるとは全く考えずにその衣類を店舗で陳列し、一般消費者に販売した。このような場合に、輸入業者の行為が景品表示法第5条違反となるのは間違いない。ここでの問題は、小売業者の行為も景品表示法第5条違反となるか、である。

　昭和37年に景品表示法を制定した際にそのような論点まで想定して法律を書いたかというと怪しく、したがって、そのような論点を条文のどこに位置付ければよいのか、必ずしもはっきりしない。そこで多くの論者は、条文にはあまり立脚せず、よく分からないがそのような論点がある、という趣で、「表示主体」の問題と呼んでいる。この事例における小売業者は表示主体か、というわけである。先ほどの「○○性」の応用で、「表示主体性」とも呼ばれる。

　それに対し、私は、景品表示法第5条柱書きに「事業者は、……次の各号のいずれかに該当する表示をしてはならない。」と規定されているので、「表示をし」の要件、とか、それを少し明瞭にして、表示行為の要件、などと呼ぶようにしている。「し」は、動詞「する」の連用形である。

　なぜ「表示主体」の要件と呼ばないか。私の頭の中には、次のような推論があった。法律を勉強した者は、「○○をする者」という

ような意味で「○○主体」という言葉を簡単に使う。しかし、普通の人は、「○○主体」という言葉をそのような意味であると受け止めるであろうか。普通の人は、「表示主体」を、「自らが中心となって表示をする者」というような意味で受け取るのではないか。

　先ほどの事例では、輸入業者の行為が景品表示法第5条違反となることは間違いなく、その上で、小売業者の行為も景品表示法第5条違反となるか、が問題となっていた。この事例において不当表示を「中心となって」したのは、輸入業者である。そのことについては、皆の間で了解がある。その上で、小売業者の行為も景品表示法第5条違反となるか、を論じているのである。

　つまり、ここでは、「表示をし」という行為をする者は複数であることがあり得る、ということが当然の前提となっている。偽りの下げ札を付けた輸入業者が「表示をし」たのは確かであるが、それに加えて、そのような下げ札の付いた衣類を店舗に陳列して一般消費者に売った小売業者も、「表示をし」たと言えるのではないか、ということが、問題となっているわけである。

　ここでは、小売業者が「中心となって」いるかどうかは問題ではない。「中心となって」いることは、景品表示法第5条の違反要件ではない。中心であるか否かにかかわらず、「表示をし」たことだけが違反要件となっている。

　簡単に「表示主体」という言葉を使う法律家は、「表示をする者」という程度の軽い意味で「主体」という言葉を使っているから、そのようなことは言われなくても分かっている、と答えるであろう。

　しかし、普通の人は、そのように思うであろうか。

　私は、ある団体の勉強会で講演をした際、以上のような話をしてみた。出席者は、その団体において景品表示法の問題に熱心に取り

組んでいるが、法律の専門家ではない、という方々である。やはり、私の予想どおりの反応が返ってきた。それらの方々は、景品表示法の諸問題に携わっているので、「表示主体」と呼ばれる論点があることを知っている。「イタリア製」と表示されていたがルーマニア製であったという事例のことも知っている。そして、「表示主体」とは、「自らが中心となって表示をする者」という意味だと思っていた、というのである。

　景品表示法は、一般消費者のための法律であり、一般消費者の近くに寄り添う上記のような方々によって支えられている。そのような方々に必ずしも的確に理解されないような用語を簡単に使ってよいか、ということを、自省する必要があると思う。

数字を使った分類

　数字を使った分類は、各所で使われており、中には、うまく浸透しているものもある。したがって、数字を使った分類の全てを言い換えるべきであると主張するつもりは全くない。しかし、中には、言い換えたほうがよさそうなものもある。

　「偽陽性」（false positive）と「偽陰性」（false negative）という対の用語は、新型コロナウイルス感染症の流行によって知る人が多くなったのではないかとも思われる。「positive」と「negative」は、積極的と否定的ではなく、陽性と陰性である。独占禁止法においても、競争に与える影響が実はないのに違反としてしまった（偽陽性）、競争に与える影響があるのに放置してしまった（偽陰性）、といった形で、新型コロナウイルス感染症の流行より前から、これらの用語は使われていた。

　それはいいのであるが、偽陽性と偽陰性に相当することを最初に

言い出した人たちが、数字を使ったネーミングをしていたようであり、少なくとも過去においては、偽陽性は「Type I error」、偽陰性は「Type II error」と呼ばれていた。日本語でも、「第一種過誤」と「第二種過誤」などと呼んでいる例が見られる。そうすると、それが正統であると思って紹介する論者も出てくる。

数字による分類がしっかりと定着し、誰も間違えない、という分野では、それでもよいかもしれない。

しかし、そうでないならば、「偽陽性」と「偽陰性」という呼称のほうが優れているように思われる。

そのほか、「○○1」「○○2」「○○3」とあるが、1と3のどちらが深刻なのか、専門家でなければよく分からない、という分類名称もある。

特定の分野のみで使われる専門用語

専門分化が顕著で、それぞれの専門分野に属する人々があまり重なっていない、という場合には特に、特定の分野のみで使われるが他の分野では使われない、という専門用語が生成することがある。

私は、消費税法の制度であるインボイス制度と私の専門分野である独占禁止法などが交錯する問題に関する解説[4]を執筆した際、次のような経験をした。

その問題においては、消費税法において免税事業者とされる年間売上高 1000 万円以下の者が、免税事業者であることをやめて課税事業者となることを選択し、インボイスを発行できるようになるかどうか、が一つの注目点となる。

4）　白石忠志「インボイス制度と独禁法・下請法・フリーランス法」ジュリスト 1588 号（令和 5 年）。

独占禁止法などを所管する公正取引委員会のウェブサイトに掲げられている資料が上記のような免税事業者の決断を「課税転換」と呼んでおり、独占禁止法関係者もその用語に従っていたので、私も、「課税転換」という用語をそのまま原稿で使っていた。

　その原稿を、事前に、租税法の専門家に見ていただいたところ、意外な指摘を受けた。「課税転換」という用語は初めて聞いた、というのである。「初めて聞いた。」は、「租税法専門家はあまり使わない用語であるので、やめたほうがよい。」という意味のレトリックであったのかもしれない。たしかに、調べてみると、国税庁のQ&Aを検索しても「課税転換」という文字列は出てこないし、税理士のブログ等でも使用例が見当たらない。出てくるのは、政府関係資料も含め、独占禁止法などを論じたものばかりである。

　年間売上高1000万円以下ではあるが「課税事業者」となることを選択し消費税を納税する、ということは、インボイス制度の導入とは関係なく、従前から行われてきたことであり、国税庁のウェブサイトには「消費税課税事業者選択届出書」という様式も置かれている。このような実務が確立している分野で、「課税転換」という用語が使われるとは考えにくい。

　このような場合にどのような対応をするかは、置かれた状況によって様々であり得るとは思う。独占禁止法などの関係者だけが読む文献であれば、「課税転換」でもよいかもしれない。それに対し、拙稿の場合は、租税実務に詳しいが独占禁止法などには詳しくないという読み手にも読んでいただきたいと考えていた。そのような読み手に、租税実務に関することであるのに租税実務において使われない用語を使っている、と受け止められることは、避けたいと考えた。そこで、「課税転換」ではなく、「課税事業者となることを選択

する」などと書くこととした。

「何人も」

　法令の条文には、「何人も（なんぴと）」が出てくる。日本国憲法に多いが、他の法令にもある。どのような人でも、全ての人は、といった意味合いの言葉である。日本国憲法に多く出てくるため、法学を勉強した者が好んで使う傾向がある法律用語の一つでもある。

　しかし、世の中の普通の人には必ずしも馴染みがない表現であり、「何人も」と書くと「なんにんも」と読まれる可能性がある。

　したがって、法令の条文を論じる場合など限られた文脈以外では、言い換えるほうが無難である。

　逆に、「なんにんも」のつもりで「何人も」と書いて「なんぴとも」と読まれてしまう、という可能性もある。「何名も」などと言い換えるほうが無難である。

(2) 説明を付けて使う

　以上の例は、そのような用語を使わなくとも説明できる、そのような用語は使わないほうがよい、といったものであった。

　専門用語は使ってはならない、ということになると、専門分野における議論の発展は難しくなる。専門家の間であまりにも定着していて、今から変えられない、というものも、あると思われる。

　専門家の間では説明不要でも、学生など、これからその分野に関心を持ってもらいたいという読み手に対しては、説明を付けた上で専門用語を使い、普及を図る、という取組が、重要となる。

その専門分野の名前

まず、その専門分野の名前それ自体が、少し分かりにくい場合がある。

「競争法」と「独占禁止法」と「経済法」は、その典型例である。この三つの用語は、同じようなものを指しながらも文脈によって無意識のうちに使い分けられているのであるが、同じようなものであることも、それぞれの違いも、懇切に説明したものはあまり見られない[5]。

その他の例として、「刑事訴訟法」がある。刑事訴訟法においては、刑事訴訟だけでなく、その前の段階の、例えば警察による捜査も、重要な対象となっている。「刑事訴訟法」という名称とは、大きなズレがある。専門家の間でもその問題は認識されているようであり、「刑事手続法」と呼ぶほうがよいという意見に接することはある。しかし今でも、法律の題名は「刑事訴訟法」であり、その影響で科目名なども「刑事訴訟法」のままであることが多い。

日常語とは別の意味で用いられている専門用語

ある用語が、日常語としても用いられており、他方で、専門用語としても用いられていて、両者の意味にズレが発生する、ということがある。様々な原因があり得る。昔は日常語と専門用語が一致していたが現実社会が急激に変化した場合、専門分野が急激に発展した場合、昔の翻訳など昔の専門家の仕事に少し問題があった場合、などである。

維持する必要性や正当性が乏しい場合には言い換えたほうがよい

5）　白石忠志『独禁法講義　第10版』（有斐閣、令和5年）6〜7頁で、試みている。

と思われるが、既に確固として定着している場合などは、そうもいかない。法令の条文に書き込まれている場合は、特にそうである。

　そのような場合には、最初に、適切に説明した上で、使うことが必要であろう。

　公用文考え方解説でも、「ある事実について知らないこと」を指す「善意」や、「ある事実について知っていること」を指す「悪意」が、日常語とは別の意味で使われている用語として例示されている（公用文考え方II－4ウ解説）。

　行政法で頻出する「処分」などもその例であろう。日常語では、捨てる、売り払う、というような意味で使われることが多い。法的な「処分」も、「懲戒処分」などは日常語の感覚に近い。それに対して、許可など、名宛人に利益を与えるものまで行政法では「処分」と呼ぶと知っている人は、世の中には必ずしも多くないと考えられる。

　判決理由などを読むと、「積極的事情」「消極的事情」などの言葉に接することがある。「積極的」は、あることを肯定する方向、という意味であり、「消極的」は、あることを否定する方向、という意味であるが、普通の人は、そのように受け止めるであろうか。やる気の有無、といった意味に受け取る人も多いのではないか。

　「全部又は一部」の「一部」も、気を付けたほうがよいかもしれない。「全部」でなければ「一部」であるから、全体の99％であっても「一部」である。また、「一部」には「第」が付いていないのであるから、通常は、第1部という意味にもならない。「パンフレットを1部ください」の「1部」とも違う。「全部又は一部」の「一部」の「一」は、横書きであっても漢数字でなければならない。

　独占禁止法・下請法・フリーランス法では、「減額」という用語

に特徴がある。この分野で「減額」というと、例えば、取引の対価として100万円を支払うと既に約束しているにもかかわらず、後から知らぬ顔をして80万円しか振り込まないような行為を指す。「あらかじめ計算できない不利益」を与えているとして、違反となりやすい行為である。

　そのような意味で「減額」という用語を使っているので、独占禁止法・下請法・フリーランス法の分野では、まだ取引の対価が決まっていない将来の取引に関する交渉において従来の価格よりも安くしようとする行為は、「減額」とは呼ばない。無色透明に「対価引下げ」などと呼び、もしこれに法的に悪い評価を与える場合には「買いたたき」と呼ぶことになっている。

　将来の取引について対価を引き下げようとする行為を「減額」と呼ぶマスメディアなどを批判しようというわけではない。日常語は日常語で、尊重する必要がある。ただ、法的な解説や先例を調べる場合には、「減額」という用語の特殊な意味を知る必要がある。

普通の人が異なるイメージを持つ例（1）

　著作権の権利制限（著作権法第30条以下）と呼ばれる問題は、専門外であると、つい、取り違えそうになる。SNSで配布されていた「推し」の有名人の写真をスマートフォンの背景画像として使う私的使用の場合や、学校の授業で適切な範囲で資料を配布する場合などに、「権利制限」の議論となる。

　どうにかして適切な範囲で活用したい、と知恵を巡らせる立場からは、「権利制限」とは、使うのは自由であるはずであるが著作権法が一定範囲で制限を加えている、という意味に受け止めがちである。自由に使う権利を制限している、という意味である。

ところが、著作権法をよく読むと、「権利制限」とは、例えば上記のような私的使用や学校の授業における利用のための自由を確保するために、著作権の範囲を制限し、著作権の行使をすることができないようにする、という意味合いで「権利制限」と言っていることが分かる。意味が正反対である。

　著作権法という法律では、第30条以下をまとめた第2章第3節第5款を「著作権の制限」としているから、上記の誤解は生じないはずである、ということかもしれない。しかし、著作権法の解説書には、「権利制限」という用語が頻繁に現れる。

　一言を付け加えるだけでよい場合も多い。誤解の原因を取り除いた上で専門用語を使うのが望ましい。

普通の人が異なるイメージを持つ例（2）

　「〇〇事業者」という用語は、法令で多用される。

　法令では、ある同じ者が、ある場面では「〇〇事業者」に該当し、別の場面では「〇〇事業者」に該当しない、ということがある。そのことを当然の前提として議論していることが多い。

　例えば、フリーランス法第2条第1項は、保護対象となるフリーランスを「特定受託事業者」と呼んでいる。

　Xさんが、次のような様々な活動をしていたとしよう。

- 企業Aと雇用契約を結び、平日昼間は労働者として企業Aのために働く。

- 土曜日は、企業Bから業務委託を受けて、企業向けのイラストを描いている。

- 日曜日は、消費者であるCさんらを対象に、有料のイラスト教室を開いている。

Xさんは、企業Aとの関係では、「特定受託事業者」に該当しないので、フリーランス法の保護対象とはならない。

　企業Bとの関係では、「特定受託事業者」に該当するので、フリーランス法の保護対象となる。

　消費者Cさんらとの関係では、「特定受託事業者」に該当しない。

悪い例

　消費者を相手に取引をしている個人は、「特定受託事業者」に該当せず、フリーランス法の保護対象とはなりません。

　上記の例は、フリーランス法の解説として、誤りではない。

　しかし、Cさんらという消費者を相手に取引をしている個人であるXさんであっても、企業Bから業務委託を受けて企業Bに何かを売る仕事をすることに関しては、「特定受託事業者」に該当し、フリーランス法の保護対象となる。

　Xさんのような人が上記の悪い例のような説明を読むと、自分はフリーランス法の保護対象とはならないと誤解してしまう可能性がある。普通の人は、ある者が場面ごとに「特定受託事業者」に該当したりしなかったりするということに、慣れていない。

改善例

　個人が消費者を相手に行う取引については、その個人は「特定受託事業者」に該当せず、フリーランス法の保護対象とはなりません。

　上記の改善例では、個人が「特定受託事業者」に該当するか否かは、一律に決まるわけではなく、どのような取引が問題となっているかという場面ごとに決まる、ということを示している。悪い例は、

「消費者を相手に取引をしている個人は、」というように、その個人に常に当てはまるかのような表現を用いていた。それを避けて、「個人が消費者を相手に行う取引については、」というように、取引ごとに結論は異なるということを踏まえた表現を用いている。

表現を潤色する

平易にすべきであるからといって、あまりに表現を砕きすぎると裏目に出ることもある。

例えば、「判決が出ました。」とするより、「判決が言い渡されました。」とするほうが、法令が使っている用語である上に、表現としても品がある。

訴えを提起したのか、申立てをしたのか、届出をしたのか、などを明記したほうが、表現が潤色され、どの法律のどの手続を使ったのかという話に移行しやすくなることもある。

逆に、命令は、「下す」「発する」「なす」などではなく、単に、「命令をする」「命令をした」とするのが、法令では普通である。

3 外 来 語

外来語については、専門用語について述べてきたこととほぼ同じことが当てはまる。公用文考え方II−2〜II−4を通覧してみても、外来語について述べていることと、専門用語について述べていることは、かなり重なっている。

外来語に特有の問題として、「ヴ」や、中点や中黒と呼ばれる「・」を、使うか、どれほど使うか、という問題がある。

英語の「v」に相当する発音を指すために「ヴ」を使う用法は広く見られる。「ヴァ・ヴィ・ヴ・ヴェ・ヴォ」である。この点を大

切にしたいという意見も想像できるところであり、尊重したい。ただ、あまり使うと、親しみやすい文章でなくなる可能性もある[6]。私は、基本的には、「バ・ビ・ブ・ベ・ボ」を使っている。

単語と単語の切れ目を示そうとして「・」を使うのも、一つの方法であるが、そうすると、他の目的で使う「・」と区別できなくなってしまう、という問題がある。

一例にすぎないが、独占禁止法で、豪州の会社である BHP ビリトンとリオ・ティントが企業結合をしようとしたという事例がある[7]。私は、原稿で、「BHP ビリトン・リオティント」としていたが、公正取引委員会が「リオ・ティント・ピーエルシー」や「リオ・ティント・リミテッド」と書いているので、出版社側から、「・」を入れて「リオ・ティント」とする提案があった。しかしそうすると、事例の呼称全体が、「BHP ビリトン・リオ・ティント」となってしまう。3社が企業結合をしようというわけではない。

この問題は、私の著書においては、企業結合をしようとする複数の会社を「／」で区切る、という方法を採用することとし、「BHP ビリトン／リオ・ティント」と書くことで落ち着いている。

結局、この問題は、「・」という1種類の記号に、複数の会社を区切る機能と、同じ会社の名称において単語と単語を区切る機能の、複数の機能を同時に期待しているために生じたものとも言える。

片仮名にした外国語を単語ごとに区切ろうとする「・」は、「ヴ」と同じで、使いたい人の気持は尊重したいが、あまりに多いと、親しみやすい文章でなくなる可能性もある。

6） 本多勝一『〈新版〉日本語の作文技術』（朝日新聞出版（朝日文庫）、平成 27 年）171 頁。

7） 公正取引委員会「平成 22 年度における主要な企業結合事例」事例 1。

当初は、官庁等は「デジタル・プラットフォーム」と書いていたが、法律では「デジタルプラットフォーム」となっている。

私は、複数の単語でも、気にせずつなげてしまうことが多い。

しかし、「・」を全く排除すると、「リスキリング」や「スポンサードリンク」のような問題も起こる。本来は「リ・スキリング」や「スポンサード・リンク」という意味であるのに、「・」がないと違う意味に見えてしまう場合がある。難しい問題である。

4 紛らわしい言葉に留意する

公用文考え方は、「紛らわしい言葉を用いないよう、次の点に留意する」として、種々のことを述べている（公用文考え方Ⅱ－5）。以下では、それも参考としつつ述べる。

(1) 同音異義語

同音異義語は、見た目では違いは明瞭であるが、読み上げた場合は混同しやすく、また、読み上げた場合に混同しやすいものは書き手として間違いやすく、読み手も不安になりやすいものである。

同音異義語の組合せは多い。同音異義語のある語は使わないように、ということになると日本語を使えなくなってしまうであろう。混同の可能性を減らす工夫をし、誤記の可能性を減らすしかない。

同音異義語の組合せは多いので、例示し始めると際限がない。

私がすぐに思いつくのは、「こうせい」であろうか。「公正」「厚生」「構成」「硬性」「更生」「更正」など、多くある。

「保証」「保障」「補償」も、よく出てくる。

法的手続の適切なタイミングを逸したら、「時期に遅れた」でなく、「時機に後れた」と書く（民事訴訟法第157条）。

期間の計算方法をめぐる議論は、「応答」よりも「応当」の出番である（民法第143条第2項）。例えば、11月3日の6か月後の応当日は、翌年の5月3日である。

「異字同訓」については、既に少し触れた（◀ 46頁）。

（2）多義的な用語

同じ用語が、複数の意味を持つことがある。この場合は、読み上げたときだけでなく、見た目でも区別ができないので、厄介である。

例は多数あるが、特に法律文章で頻繁に出てきそうなものを挙げると、次のようなものがある。

「意義」

まず、「意義」である。「同音異義語」の「異義」ではなく、「異議」でもなく、「意義」である。

世の中の普通の文書では、「意義」は、「意義がある」などの形で、価値がある、このような理念である、重要である、といった意味で使われている。「存在意義がある」などである。

しかし、特に法律文章では、「意義」が、意味、という意味で用いられることがある。例えば、会社法第2条柱書きは、「この法律において、次の各号に掲げる用語の意義は、当該各号に定めるところによる。」と規定している。この「意義」は、存在意義などという意味ではなく、意味という意味であろう。

例えば、「この○○という要件の意義は××である。」という場合、次の二つの意味があり得る。

- その制度において○○という要件を置いていることには××という価値や理念がある、という意味。

- ○○という要件の意味を具体的に述べると××という意味
  である、という意味。

私個人は、書き手としては、次のようにしている。

- 価値や理念という意味の「意義」は、なるべく、他の表現
  で言い換える。
- 意味という意味なら、「意義」は使わず、「意味」とか「具
  体的内容」などと書く。

読み手としては、常に気を付けるしかない。

「一般」

「一般」という用語にも、複数の意味がある。

「一般論」という場合の「一般」は、どのようなものにでも当て
はまる、という意味である。

「広く一般に向けた文書」という場合の「一般」は、普通の人、
専門家でない人、多くの人、世の中の人、といった意味である。ど
のようなものにでも、という意味合いではない。

「より」

「より」は、起点の意味で使われることがある。「長崎より神戸
に」というようにである。

しかし、「より」には、比較の意味もある。「長崎より神戸に」と
すると、長崎と神戸を比較して神戸を選んだ、という意味であると
受け止められる可能性がある。「名詞＋より＋名詞」という形で、
二つの名詞を比較する「より」である[8]。

---

8) 「より＋用言」という比較級の意味の表現には、既に触れた（◀ 97 頁）。

公用文考え方解説は、起点には「から」を用い、「より」は用いない、としている（公用文考え方Ⅱ−5イ（ア）解説）。例えば、「長崎から船に乗って神戸に着いた。」という文は、公用文のルールに合致していることになる。

比較の「より」は、「よりも」と書くように努めると、読み手を迷わせる可能性が減ると思われる。

「から」と「より」の応用問題

公用文考え方は、「から」と「より」について上記のことを述べた上で、例としていくつかのものを掲げ、その最後に次のような凝った例を掲げている（公用文考え方Ⅱ−5イ（ア））。

> **公用文考え方が掲げる凝った例**
> 会議の開始時間は午前10時より午後1時からが望ましい

起点には「より」を使わないという公用文考え方のルールが完全に共有された者の間では確実に意味が伝わるかもしれない。

しかし、そうでない人も多いし、また、人間は不完全な生き物である。上記の例は、誤解を受けやすく、読み手を迷わせる。

> **公用文考え方解説が掲げる類似の例**
> 会議の開始時間は午前10時より午後1時が望ましい

この同じ項目について、公用文考え方の本体でなく、公用文考え方解説では、「午後1時から」の「から」が抜けている（公用文考え方Ⅱ−5イ（ア）解説）。これが、意図したものであるのか、単なるミスであるのかは、不明である。いずれにしても、考える材料として好適であるので、掲げている。

公用文考え方解説のほうの例では、「から」が抜けているので、「から」がある場合に比べて、意味を取りやすいかもしれない。「から」の意味は「開始時間」という言葉に含まれているので書かず、比較の「より」だけとしている。

しかしここでも、読み手は完全な人間ではないので、誤読される可能性がある。読み手は、素早く読んだ場合に、「開始時間」が「午後1時」にまで係るとは考えず、会議が午前10時から午後1時まで開かれるのは望ましい、と受け止める可能性がある。

私なら、例えば、次のように書くと思う。

> **改善の提案**
>
> 会議の開始時刻は、午前10時からとするのでなく、午後1時からとするのが、望ましい。

起点の意味であると受け止められる可能性がある「より」を使わず、二つの起点を比較していることを別の方法で表現してみた。

また、二つの起点の、それぞれに、「から」を添えた。「開始時刻」と書かれているので、「から」は不要かもしれない。先行する二つの例との対比のため、添えた。

なお、上記の提案には、「から」と「より」の問題とは直接の関係がないが、次の点も盛り込んでいる。

私は、「時間」という用語と「時刻」という用語は、使い分けたほうがよいのではないかと考えている。

「時間」は、多義的である。辞書で引くと、まず、時の長さという意味が現れる。次に、時の流れの中の、ある一点、という意味も現れる。

「時刻」は、時の流れの中の、ある一点、という意味であると受

け止められやすい。

　そこで私は、会合などの日程を論じる文脈では、時の流れの中の、ある一点、という意味の場合は「時刻」を使い、「時間」は、専ら、時の長さという意味で使うようにしている。

　時刻の打合せでは、分まで書くほうがよいのではないか、とか、24 時制を使ったほうがよいのではないか、といった論点もあるが、本題から離れすぎるので、上記の改善の提案では省略した。

「ものの」

「ものの」は、多義的である。

　「〇〇ではあるものの、××である。」というように、「〇〇ではあるけれども、××である。」という意味で使われることは多い。

　他方で、「thing」という意味で「もの」と書くこともある（➡157〜159 頁）。「環境に対して有害であるものの処理方法を検討する。」と書かれていると、読み手を迷わせる可能性がある。

「に」

助詞「に」は、多義的である[9]。

> **悪い例**
>
> 　私は部長に推薦された。

　上記の例では、次の 2 通りの意味があり得る。

　(a)　部長が私を推薦したという可能性

　(b)　私が部長となるよう推薦されたという可能性

----

9 ）「に」が紛れをもたらす例は、石黒圭『ていねいな文章大全』（ダイヤモンド社、令和 5 年）257〜259 頁を参考として、新たに作成した。

> **改善例**
>
> (a)　部長が、私を推薦した。
>
> (b)　私は、部長に就任するよう推薦された。

「に」が多義的であるため、例えば次のようなことも起こる。

> **悪い例**
>
> 開催日を10月1日に変更した。

上記の例では、次の2通りの意味があり得る。

(a)　変更後の開催日が10月1日である可能性

(b)　変更を決めた日が10月1日である可能性

> **改善例**
>
> (a)　開催日を変更し、10月1日とした。
>
> (b)　開催日の変更を決めた日は10月1日である。

(a)のように開催日を改めるのであれば、「開催日を、10月8日から10月1日に改めた。」と書く方法もあるかもしれない。

また、「に」が多義的であることを意識してか、「に」でなく「へと」を用いて、「開催日を、10月8日から10月1日へと改めた。」と書く人を知っている。

「に」は、多義的であるので、例えば次のような問題もある。

> **多義的な例**
>
> 阪神には勝ってほしい。

「まで」

> **例**
>
> 　15 時まで、掃除をしてください。

　これは、どのような意味であろうか。

　標準的には、15 時まで掃除をし続けてください、15 時になれば終えて結構です、という意味になる。

　しかし、書き手が、15 時「までに」掃除、つまり、きちんと掃除をするのであるなら例えば 14 時 30 分に終えてしまっても結構です、という意味であるつもりで「まで」としていることがある。

　そのような意味で「まで」とするのは誤りである、と断罪するような論調の文献も存在する。標準的な観点からは、そのような反応になるのかもしれない。

　私は、かつて仙台に住んでいたことがあり、その時の体感として、彼の地には、「までに」の意味で「まで」と言う人が少なからずいる、と思っている。「金曜日まで提出してください。」などと言われたのをよく覚えている。その後どうなっているかはよく知らないが、少なくとも、誤りであるとして断罪する気にはなれない。

　同じ用語が地域によって異なる意味を持つことは、よくある。「お好み焼き」という用語が何を指すかについては、地域間で深刻な対立がある。

　読み手は、様々な可能性があることを知っておいたほうがよいし、書き手は、固有の言葉を大切にしながらも、必要に応じて、紛れを減らす工夫をしたほうがよい場合がある。

複数の単語が組み合わされて多義的となる場合

ここまでは、一つの単語が多義的であるという例であったが、複数の単語が組み合わされて多義的となる場合もある。

あるところで、「夫婦間の公平」という表現に接したことがある。これは、多義的である。

まず、夫と妻の間が公平であるか否かが、問題とされている可能性がある。

しかし、そうではなく、ある夫婦と別の夫婦との間が公平であるか否かが、問題とされている可能性もある。

私が接した具体例の書き手は、多分、後者の意味で書いていた。そうであるのなら特に、言い換えたほうがよいと思う。例えば、「夫婦と夫婦の間の公平」と書くだけでも、紛れは減る。

そのような意味の場合であっても縮めた表現をする傾向がある書き手であることを私が知っていたので、読み手として注意度を高めて読んでいたから、前後の文脈にも照らしながら、「夫婦と夫婦の間の公平」の意味であると気付いた。書き手としては、読み手にそのような高度の注意を強いることなく明瞭に書いたほうが、自分が言いたい大切なことが伝わりやすくなる。

(3) 紛れを解消する表現

紛れがあり得る場合や、二つの候補のうち一つを選んだことを確認したい場合に、「××でなく、○○」などの言い方をすると有効であることがある。ここまでにおいても、「公用文考え方の本体でなく、公用文考え方解説では」とか、「午前 10 時からとするのでなく、午後 1 時からとする」などのように、何度か使ってきた。

あまり使うと、かえって複雑・冗長となることもあるが、適切な

範囲で用いれば、文意を明瞭とするのに有効な方法である。

　もちろん、以上のことのほか、例えば、多義的な用語をそもそも使わない、24時制を使って13時と書く、といった工夫が有効であることもある。

(4)「等」・「など」

　法令で「○○等」と書かれていたら、通常、「○○等」はどこかで定義されている。意味を曖昧にしようとしているわけではないことが多い。

　他方で、世の中には、誤解も含め、そのようには受け止めていない人たちも少なくない。

　そこで、公用文考え方は、次のように述べて戒めとしている。「「等」「など」の類は、慎重に使う。これらの語を用いるときには、具体的に挙げるべき内容を想定しておき、「等」「など」の前には、代表的・典型的なものを挙げる。」（公用文考え方Ⅱ−5イ（ウ））。

　「など」と読んでもらいたいときは平仮名で「など」と書き、「等」は「とう」と読む（公用文考え方Ⅰ−1（3）ア解説）。

　法令では、「など」でなく「等」を使うのが通常である。法令で定義された「○○等」は、「等」を含めた全体が一つの固定した用語であるから、「○○など」と書き換えないほうがよい。

　ともあれ、法令をはじめ、適切な確認を経た文書では、「○○等」は、その文書のどこかで定義されているのが通常である。昔であれば目視で探すしかなかったが、現代では、パソコンやスマートフォンで全文検索をして定義を見付けることができる。「○○等」のほか、「特定○○」なども、同様である（▶134〜135頁）。

5 用語に関するその他の留意事項

ここまでは、用語について、公用文考え方 II の項目に沿いなが
ら、私が気を付けている点などを補足して、述べてきた。

以下では、公用文考え方では特に項目として取り上げられていな
いものも含め、用語について私が気を付けている点を述べる。その
後で、便利な法律用語を紹介する（➡ 150〜162 頁）。

（1）用語の統一

同じ意味を指す用語は、なるべく統一したほうがよい。同じ意味
を指す用語が何種類も出てくると、読み手は迷う。「書き手が「▽
▽」と書いたり「△△」と書いたりしているので、異なる意味で書
き分けているのかもしれない。」と考えてしまうのである。読み手
だけでなく書き手の側においても、執筆中のファイルの中で関係用
語を検索しても見付からないということなどが起こる。最後に索引
を作る際にも、統一されていないと困るであろう。用語の違いに着
目した無用の論争が起きてしまうこともある。同じ意味を指す用語
が何種類も出てくる文書は、あまり格好の良いものではない。

同じ意味で複数の用語を使ってしまう場合だけでなく、同じ用語
のつもりで表記の揺れを起こしてしまう場合にも、同様の問題が生
まれる。

このあたりの感覚や意識は、初歩的なりともプログラミングを経
験したことがあるか否かによっても、違うのではないかと思う。1
字でも違えばコンピュータに認識してもらえずプログラムが動か
ない、という経験をしたことがあるか否か、である。

法はプログラミングとは異なる、という反論は、あるかもしれない。

しかし、実際問題として、現代の法令は、1字でも違えば動かな

いプログラミングと同じ作法で書かれている。そのような現代的な条文が中心の法分野か、そうでない昔の条文が中心の法分野か、によっても、感覚や意識は違うかもしれない。今後、前者は更に増えていくのではないか。

　文章の彩りは大切である。法的な議論に関係のない表現を多様な言葉で彩るのは、すばらしい。ここで言っているのは、法的な議論に関係があるため統一すべき用語と、関係がないので統一する必要がなく多彩な表現に任せるべきものとを、切り分けて、前者をきちんと整頓すべきである、ということである[10]。

　用語を統一して書くための具体的方法はどうすべきか。まず、法令に即した法律文章であるなら、法令で定義された用語は法令のまま、というのが原則であろう。問題は、それ以外の用語である。手元で自分用の用語集を作って書いていくことを提案している文献もある。また、よく使うものは、パソコンなどの辞書で単語登録をしてしまえば、用語や表記が揺れることは少なくなる。

　同じ意味であれば用語を統一すべきであるのと同様に、異なる意味であれば異なる用語を使うのを基本とすべきである。しかし、やむを得ない理由で、それを徹底できないこともある。例えば、独占禁止法には、「子会社」の定義が3種類ある[11]。世の中は難しい。

(2) 法令による用語の定義

　用語が法令で定義されることにまつわることを、以下でまとめて

---

10)　法律文章への過剰適応を戒め、厳密に話すことが必要な場面とラフに話してよい場面とのバランスを取ることの必要性を強調するものとして、齋藤孝『格上の日本語力』（中央公論新社（中公新書ラクレ）、令和5年）57頁。

11)　独占禁止法第2条の2第2項（「子会社等」を定義するに際しての「子会社」の定義）、第9条第5項、第10条第6項。

述べる。

法令による定義の方法

法令で用語を定義する方法には、主に3通りある[12]。

第1は、用語を定義するための規定を特に設ける方法である。独占禁止法第2条のように項ごとに用語を定義するものもあれば、会社法第2条のように号ごとに用語を定義するものもある。号ごとに定義すると（➡155〜156頁）、号には枝番号を付けることができるので（◀10頁）、新たな用語の定義を追加しても他の用語を定義した号を繰り下げずに済ませることもできるという特徴がある。

第2は、「……××××（以下「〇〇」という。）……」などという形で、用語「〇〇」は「××××」という意味であると定義する方法である。この場合、法令では、「以下」と「「〇〇」」との間に読点は打たない。最後に「という。」を添える。

第3は、「……〇〇（××××をいう。以下同じ。）……」などという形で、用語「〇〇」は「××××」という意味であると定義する方法である。こちらは「をいう。」を添える。

法令以外では、冒頭や末尾に一覧表を置いて定義するという方法もよく見かける。本書の冒頭の【略語一覧】も、その一種である。

略称にすればよいというものではない

組織内の規則などで、「〇〇委員会」が出てきたら必ず「（以下「委員会」という。）」として略称にしなければならないかのように省略する例を見かけることがある。

----

12)　定義規定に加え、本書の次の項目に関係する略称規定も含めて、ワークブック新訂第2版86〜104頁。

しかし、「○○委員会」の字数がそれほど多くなければ、略さないで常に「○○委員会」と書いたほうが明瞭であることも多い。

　昔は、和文タイプライターで打ったり、印刷所で活字を拾ったりしていたので、少しでも短く、という考えがあったかもしれない。現代でもそれは必要か。常に省察する必要がある。

追加の文字列がつながると別の用語となる

　「○○」という用語が定義されたとしても、これに「▽▽」という文字列が追加されて「▽▽○○」となり、別の用語として定義されることは頻繁にある。後ろに「△△」が追加されて「○○△△」となっても同じである。

　例えば、会社法においても独占禁止法においても、「子会社」が定義され、次に、それに「等」が付いて「子会社等」が定義されて、「子会社」とは別の意味となっている[13]。プログラミングでも、定義された文字列に別の文字列が連結されると、全く別の意味や機能を持つ文字列になる。それと同じである。

　もし、少年法第62条第1項の「特定少年」の定義が「十八歳以上の者をいう。」となっていたなら、「特定少年」には75歳の者も含むことになってしまう。たしかに、少年法では、第2条第1項で、「この法律において「少年」とは、二十歳に満たない者をいう。」と規定している。しかし、「少年」の前に「特定」を付けて、「特定少年」という4字の用語とした以上は、「特定少年」は、「少年」とは別の用語となる。「少年」と書いてあるのだから75歳の者が「特定少年」に該当するわけがない、などというのは、「お気持

<hr />

13)　会社法第2条第3号、第3号の2、独占禁止法第2条の2第2項。

ち解釈」であり、現代の法令の条文には通用しない。

　実際の少年法第62条第1項では、「特定少年」の定義は、「十八歳以上の少年をいう。」となっている。定義される用語である「特定少年」の側に「少年」と書いてあっても駄目であるが、定義の文字列の側に2字の用語として「少年」と書いてあれば、少年法第2条第1項で定義された「少年」に該当することが、「特定少年」の一つの条件となる。

定義と機能は異なる

　著作権法の条文に頻出する「著作権者」という用語には、これを定義する規定がない。

　そこで、「著作権者」の定義を自分で書いてください、という小さな練習問題を出題したことがある。著作者と、著作者から著作権の譲渡を受けた者を挙げていれば、及第点であろう[14]。

　その問題に対する答案の中に、「著作権侵害者に対する差止請求をすることができる者」というものがあった[15]。

　これは、概念の機能から逆算して概念を表現しようとするものであり、人間の知的な営みを広く捉えれば、十分にあり得る発想法である[16]。法的にも、制度設計などの際には特に、有益である。

　しかし、法律文章の世界で「定義」と呼ぶ場合には、通常、ある概念に該当するために必要な要素を指す。「著作権侵害に対する差止請求をすることができる」というものは、「著作権者」という概

14)　著作権法第2条第1項第2号、第61条第1項。
15)　著作権法第112条。
16)　例えば、結城浩『数学文章作法 推敲編』（筑摩書房（ちくま学芸文庫）、平成26年）60〜61頁における「定義」と「性質」は、相互に入替えが可能なものとして観念されている。

念に該当する場合にその結果として発生する機能である。定義は
「要件」であり、機能は「効果」である、とも言える。

(3) 翻 訳 語

翻訳語に関する基本的な考え方

　外国語を翻訳して日本語の用語にする場合には、外国語における
意味を見極め、かつ、日本語の用語が不都合を起こさないかどうか
も見極める必要がある。

「market definition」

　独占禁止法の分野には、英語で「market definition」と呼ばれる
概念がある。

　「definition」に関する英和辞典の筆頭の意味が「定義」であるこ
とが多いためか、「市場定義」と訳されることがある。

　この訳語は、適切ではない。

　「定義」とは、ある用語について、その意味を示すことである。
「market definition」が、「market」=「市場」という用語の意味
を論じているのであれば、「定義」と呼べる。

　しかし、内外の独占禁止法の文献で、「market」や「市場」を定
義しようとした文献に、私は、英語であるにせよ日本語であるにせ
よ、これまで、あまり出会ったことはない。これ自体が驚くべきこ
とではあるが、話がそれるので省略する。

　独占禁止法の分野で「market definition」として議論されている
思考過程は、「market」という用語の意味を一般的に示そうとする
ものではなく、目の前の具体的な事案に登場する「market」がど
の範囲になるかを具体的に見定めようとするものである。昼食の市

場にうどんは含まれるか、ラーメンはどうか、といった議論である。

そのような理解をした上で、英英辞典を見てみると、動詞「define」の意味として、「to say or explain what the meaning of a word or phrase is」のほかに、「to describe or show the nature or range of somebody/something」がある[17]。

この点は、日本の独占禁止法分野でも理解されており、「market definition」は「市場画定」と訳すのが普通である。

「relevant market」

今度は、市場画定において範囲を画定される「relevant market」をどう訳すかである。

日本の独占禁止法分野では、これを「関連市場」と訳すのが、多数派である。

私は、この訳語には賛成しない。日本語の「関連」には、私の語感では、主なものが別にあって、それに付随するもの、というイメージがある。

そうでなく、「relevant」という英単語は、「ほかでもなく、いま目の前の問題に深く関係している。」というイメージではないか。英英辞典を見ると、「closely connected with the subject you are discussing or the situation you are in」となっている。「関連」という訳語には、この、「closely」に相当する感覚が、抜けているように思われる。

私は、「relevant market」に相当する訳語として、「検討対象市場」という用語を使っている。

17) 『Oxford Advanced Learner's Dictionary, 10th edition』。以下の英英辞典への言及においても、同じである。

最近では、この訳語でよかった、と確信させる現象も生じてきた。独占禁止法の分野を牽引する法域である米国において、「relevant market」のほかに、「relevant market」で競争上の弊害が起こるか否かを判断するための補助材料として着目する近隣市場を「related market」と呼ぶガイドラインなどが現れてきたのである。この「related market」こそ、私の語感における「関連市場」である。もし、「relevant market」を「関連市場」と呼んでいたならば、その理解に付随する「related market」をどう呼ぶかに困っていたであろう。

　ただ、大多数の文献が「関連市場」という言葉を「relevant market」に充ててきたため、「related market」を「関連市場」と呼ぶと、混乱が起こるかもしれない。例えば、「related market」は「参考市場」などでもよいかもしれない。法的には、「relevant market」＝「検討対象市場」において競争上の弊害が起こるか否かを検討する際の参考となる市場、という位置付けになるからである。

(4) ネーミング

　ネーミングにも、気を付けなければならない。上記の翻訳語の話も、翻訳語のネーミングの問題でもあったが、日本語だけに閉じた話としても、ネーミングは重要である。

　この話をする場合には、やはり、「独占禁止法」というネーミングを避けて通れない。

　独占禁止法は、独占を禁止していると思っている人が多い。そのような名前が付いているのであるから、無理もない。

　しかし、独占禁止法は、独占を禁止してはいない。他の事業者を排除するなどして競争を実質的に制限する行為をしたら、行為者が

独占者であるか否かを問わず、その行為者は「私的独占」をしたことになると定義されている[18]。独占者となっただけでは違反ではないし、また、独占者でないものであっても違反者となり得る。そのような行為に「私的独占」というネーミングをしてしまい、それを禁止する法律であるからというので「独占禁止法」と略称されるようなネーミングをしてしまったために、大きな誤解を招いているのである[19]。

　この種のネーミングをする人は、多くの場合、悪気はなく、ネーミングに失敗しても大したことはないと思っている。質問されれば答えればよい、そのような細かいことを重要な制度設計段階で言うな、という発想をするタイプであることが多い。

　「独占禁止法」と略称されるようなネーミングが昭和22年にされたため、それ以来、独占禁止法の専門家は、気が遠くなるほどの長い間、「独占禁止法は独占を禁止していません。」という間の抜けた説明をせざるを得なくなっている。そのようなことがどれほどのものを失わせるか、少し真面目に考えたほうがよい。

　ネーミングをする際には、例えば、次のようなことに気を付ければよいのではないか。

- 漠然としておらず明確
- 難解でなく平易
- 誤解を与えず明快
- 結論を決め付けない

「結論を決め付けない」の最も分かりやすい例は、警察に逮捕さ

18）　独占禁止法第2条第5項。
19）　独占禁止法の件名（◀31頁）は「私的独占の禁止及び公正取引の確保に関する法律」であり、このために「独占禁止法」「独禁法」などと呼ばれている。

れた者を「犯人」とは呼ばず「被疑者」と呼ぶ、などである。

(5) 記号を使う場合の工夫

> **悪い例**
>
> 　A は、B を原材料として C という製品を製造し、D に販売
> した。

A・B・C・D が、様々なものを指しているように見える。

> **改善例**
>
> 　事業者 A は、原材料甲を用いて製品乙を製造し、消費者 D
> に販売した。

改善例では、次のような点を意識した。

- 　事業者名や人名はアルファベット、商品役務の名称は甲乙
  丙、というようにした。
- 　それぞれの記号に、「事業者」「原材料」「製品」「消費者」
  といったメタ情報を付けた。

　事業者名や人名と、商品役務の名称は、アルファベットと甲乙丙
のように、系列を分けて揃えられているほうが、読みやすい。私は、
甲乙丙の代わりに $\alpha \beta \gamma$ を使うこともある。漢字が連続する「原材
料甲を」より、「原材料 α を」のほうが、読みやすいと思うからで
ある。甲乙丙を用いるものもよく見かけるので、ここではそれに合
わせておいた。

　また、それぞれの記号がどのようなものであるのかのイメージを
提供するため、メタ情報が付いていると便利である[20]。

　さらに、上記の例とは別の話であるが、読み手が別のところでし

ばしば参照する正統性ある資料がある場合には、それと記号を合わせるように努めるのが望ましい。例えば、公正取引委員会の企業結合ガイドラインにおける垂直型企業結合と混合型企業結合の部分[21]では、一方の市場の供給者が A と X、他方の市場の供給者が B と Y、となっており、A と B が企業結合をする、ということになっている。そのような図も置かれている。そこで、拙著『独禁法講義』・『独占禁止法』でも、A・X・B・Y を企業結合ガイドラインと同じように配置した[22]。これにより、企業結合ガイドラインと『独禁法講義』・『独占禁止法』で共通して同じ記号が使われることになる。読者は、企業結合ガイドラインの内容がそのまま『独禁法講義』・『独占禁止法』で解説されているという安心感とともに読み進めることができるのではないかと、期待している。

(6) 相対的な記載は間違いやすい

相対的な記載とは、例えば、「昨日」「来月」「同年」などである。

このような記載をする際には、基準点は動くものであるという当然のことを考えておく必要がある。例えば、「昨年度」「今年度」「次年度」といった表現は、次の年度になったら無効になってしまう。メールの文章などで、かつ、絶対にその日にしか読まない、というのであれば別であるが、そうでないならば、注意を要する。

----

20)　メタ情報について詳しくは、結城浩『数学文章作法 基礎編』（筑摩書房（ちくま学芸文庫）、平成 25 年）99〜115 頁。

21)　公正取引委員会「企業結合審査に関する独占禁止法の運用指針」（平成 16 年 5 月 31 日）第 5、第 6。令和元年 12 月 17 日の改定の際に、垂直型企業結合と混合型企業結合に関する記述が一新され、図が加えられた。

22)　白石・前掲注 5)『独禁法講義 第 10 版』229〜231 頁、白石忠志『独占禁止法 第 4 版』（有斐閣、令和 5 年）566〜570 頁。

「同年」「同月」なども曲者である。過去の事実関係を書く場合など、「平成 29 年 3 月、……。平成 29 年 5 月、……。平成 29 年 6 月、……。」というように「平成 29 年」を何度も書くと過剰である、ということは確かにある。しかし、直前に同じものがあったら必ず「同年」とする、という硬いルールを採用すると、「同年」の前をずっと遡ってもなかなか見付からないこともあるなど、読み手の負担が重くなることがある。また、書き手としても、「平成 29 年」と書いて後続のものを「同年」としていたところ、推敲をするうちに「平成 29 年」と「同年」の間に「平成 28 年」と書いてしまい、後続の「同年」は平成 29 年のつもりであったのに平成 28 年ということになってしまった、ということもあり得る。あまり硬いルールを置かず、柔軟にするのがよいのではないかと思われる。

　災害などの際の SNS での発信も、27 日水曜日の時点で「明日」といった相対的な記載をすると、その発信内容が 24 時を過ぎてから読まれる際に、読み手を迷わせる可能性がある。文脈次第ではあるが、「28 日（木）」と書いたり、単に「明日」とするのでなく「明日 28 日（木）」などと書いたりするほうが、よいと思われる。

　相対的なのは、日時だけではない。例えば、教室では、教壇から見た場合の左と右は、学生から見た場合は逆となる。

（7）相対的な関係が連鎖する場合
相対的な関係の連鎖に関する基本的な考え方

　相対的な関係が連鎖する場合とは、分かりやすい例では、学生 A・学生 B・学生 C が前から順に縦に並んで座っているとき、学生 B は、学生 A の後ろであるが、学生 C の前である、といった状況のことである。

このような場合は、誰にとっての前であり、誰にとっての後ろであるのかを、明確にしたほうがよい。

　「一般法・特別法」は、学生の「前・後ろ」と似ている。

　例えば、行政事件訴訟法第 11 条第 1 項第 1 号は、国に所属する行政庁がした処分の取消しの訴えについて被告を国としており、民事訴訟法にとっての特別法である。

　他方で、独占禁止法第 77 条では、公正取引委員会による排除措置命令等に対する取消しの訴えについて被告を公正取引委員会としており、独占禁止法第 77 条にとって、行政事件訴訟法第 11 条第 1 項第 1 号は一般法である。

　「一般法・特別法」は、学生の「前・後ろ」と同じである。相対的であり連鎖するものであるということを知らせて、かつ、何にとっての一般法や特別法であるのかを明示する、ということが、説明において必要となる。

特定の部分に関心を集中してよい文脈の場合

　他方で、特定の部分に関心を集中してよい文脈で、かつ、広い範囲の読み手に何かを伝えようとする場合には、相対的な関係が連鎖して云々と難しいことを述べないほうがよいこともある。

　消費税のインボイス制度について説明する際、インボイスを交付できるか否かが問題となる売手は、自分が仕入れをする場面では買手となる。しかし、同じ者が、説明の中で売手と呼ばれたり買手と呼ばれたりすると分かりにくくなる。私は、その者の呼称は「売手」で統一し、「売手」と図にも書き込んで、その者が仕入れをする場合にはそのことを動詞で表現する、ということを最初に宣言した。その上で、「売手が仕入れをする」といった表現を用いた[23]。

それ以外に、AやBなどの記号を用いる方法もあるかもしれない。しかし、「Aが」「Bが」などと述べていると、次第に、どちらがどちらであったか分からなくなる。また、別の文献が同じ意味でAやBを使ってくれるとは限らない。AとBが入れ替わったり、甲と乙が使われたりするので、議論の相互参照が容易でない。「売手」と「買手」であれば、この問題に関する政府関係文書でも、おおむね私と同じ意味で用いている。

(8) 数字の例を用いて説明する場合

インボイス制度の説明で留意した点をもう一つ挙げるなら、例として使う金額などの数字がある。

雑誌『ジュリスト』に掲載された拙稿では、売手が買手に本体価格1万2000円で売り、買手が消費者に本体価格1万5000円で売る、という例とした。

もし、「1万2000円と1万5000円」の組合せでなく、「1万円と2万円」の組合せであったなら、2万円から1万円を引いた金額も1万円となってしまう。そうすると、「1万円」と述べた際に、どちらを指しているのか分からなくなる。

拙稿には、通常の仕入税額控除や、経過措置による仕入税額控除など、様々な金額や、差額が出てくる。それらのどの二つを比べても同じ金額にならないように配慮して、数字を設定した。

(9) 用語の意味が時代によって変遷することがある

時代を経るにつれて、用語の意味が、変遷することがある。

---

23) 白石・前掲注4）「インボイス制度と独禁法・下請法・フリーランス法」。

変遷後の意味は全て誤りである、などと言うつもりはない。言葉は生き物であり、変遷後のものが正統性を獲得することもある。

　有名な例は、「課金」であろう。

　私の理解では、「課金」という用語は、昭和の時期にはあまり知られていなかった。平成の初期にインターネットが普及してから、通信会社など、役務を供給する側がお金を課して徴収することについて、「課金する」という表現が知られるようになった。

　ところがその後、ゲームをはじめ、あらゆる役務について、その供給を受ける側が、無料の範囲で済ませずにお金を払う行為を、「課金」と呼ぶようになった。主客が完全に裏返っている。

　どちらが正しい、というつもりはない。そのように正反対の意味を持つことがある用語には注意し、必要に応じて、読み手を迷わせない工夫をすることが期待される。

　同様のことは、例えば、英語の「license」などにもある。英英辞典でも、ライセンスを与える、という意味のみが掲げられているが、私の経験では、ライセンスをもらう、という意味で使われる例も散見される。「課金」は日本語だけの困った現象、というわけではなさそうである。

(10) どちらの側から議論しているのか

　ある法律用語に対する問題意識に両面があり、どちらの側から議論しているのかによって議論の様相が異なる、ということがある。

「過剰防衛」

　その一つの例が、「過剰防衛」である。

> **過剰防衛に関係する条文（刑法）**
>
> （正当防衛）
>
> 第三十六条　急迫不正の侵害に対して、自己又は他人の権利
> を防衛するため、やむを得ずにした行為は、罰しない。
>
> 2　防衛の程度を超えた行為は、情状により、その刑を減軽
> し、又は免除することができる。

　刑法第36条第1項で、正当防衛の行為は「罰しない」とされており、第2項で、「防衛の程度を超えた行為」は、刑の減軽又は免除があり得ることとされている。第2項に、文献などで、「過剰防衛」という名前が付けられている。

　刑法の講義などで出てくる、「それは過剰防衛です。」という議論には、私の体感では、次の二つの異なる場合がある。

　第1は、第36条第1項には該当しない、ということを言おうとしている場合である。すなわち、その行為が「防衛の程度を超えた」と言おうとしている。「罰しない」ということに決まっているのでなく、情状により減軽・免除があり得るにとどまる、ということになる。被疑者・被告人にとって不利な立場からのものである。

　第2は、通常の犯罪とは異なり、第36条第2項に該当する、ということを言おうとしている場合である。過剰防衛であるから刑が減軽・免除をされるかもしれない、ということであって、被疑者・被告人にとって有利な立場からのものである。

　どちらの側から「過剰防衛」を議論しているのかによって、議論の様相や意味合いが全く逆となる。

「日本全国」

　独占禁止法において、検討対象市場の地理的な範囲は「日本全国」であると、公正取引委員会が結論付けることがある。

　独占禁止法では、検討対象市場の地理的範囲が狭く画定されるか広く画定されるかが、違反の成否を左右する重要な意味を持つことが多い。

　検討対象市場の地理的な範囲は「日本全国」である、という議論にも、どちらの側から議論しているかによって、次の二つの異なる場合がある。

　第1は、北海道や九州などのように地域ごとに分かれるのでなく、日本全国である、という場合である。

　第2は、世界全体を見るのでなく、日本だけである、という場合である。

　第2の結論を「日本全国」と呼ぶことに対しては、言葉の問題として若干の違和感があるが、公正取引委員会が過去の企業結合事例における検討対象市場の一覧表をウェブサイトで公開していることを考えると[24]、事情を推測できるのではないかと思う。多分、公正取引委員会の担当者が使っているファイルのプルダウンメニューの中に「全国」という選択肢があり、上記の第1の議論の結論である場合も、第2の議論の結論である場合も、一律に「全国」を選ぶことになっているのであろう。

「United States」

　もう一つ、簡単で面白い例を紹介したい。

---

24)　公正取引委員会ウェブサイトに「一定の取引分野の例」という文書が置かれている。

米国の英語の法律文章を見ていると、「United States」や、その略である「U.S.」が、文脈によって異なる意味を与えられていることに気付く。

第1に、日本でもEUでもなく米国である、という意味であることがある。

第2に、州でなく連邦である、という意味で「United States」や「U.S.」と書かれていることがある。「Federal」と書かれることもあるが、「United States」も、よく見かける。連邦の裁判所の名称には、「Federal」でなく「United States」が付いている。

何も考えずに「United States」を「米国」と訳していては、意味を取りにくくなり、文脈によっては誤訳となり得る。

(11) 形式的には重言でも実質的に意味がある場合

「神経痛が痛い」や「頭が頭痛」などのように、同じ意味の言葉が重ねて出てくるような場合に、その無駄な言葉を「重言」と呼び、避けるべきであると指摘されることがある。「まず最初に、」などもその一例とされることがある。その観点から点検すると文がすっきりして読みやすくなることは多い。

しかし、分かりやすくするために、意図的に重言を用いるべき場合もある。

例えば、独占禁止法には、第10条第2項において定義された「国内売上高合計額」という用語がある。「A社に係る国内売上高合計額」という場合には、A社の国内売上高と、A社の親会社・子会社・兄弟会社のそれぞれの国内売上高を、合計した額を指す旨の定義となっている。

読み手が、独占禁止法の条文に精通しておらず、上記のような説

明も受けない状態で、「A 社に係る国内売上高合計額」という文字列だけを見た場合に、どのように受け止めるであろうか。これに、親会社・子会社・兄弟会社の国内売上高まで含むとは、思わないのではなかろうか。A 社の○○事業の国内の売上高と××事業の国内の売上高を合計した額であろう、という程度にしか推測しないのが通常ではなかろうか。

　私は、自分が説明をする地の文では、例えば、「A 社が属する企業結合集団の国内売上高合計額」と書くようにしている。「企業結合集団」という用語は親会社・子会社・兄弟会社によって構成される集団を指す旨の定義が、やはり独占禁止法第 10 条第 2 項に置かれている。そこまで読み手が知らない場合でも、「A 社が属する企業結合集団の国内売上高合計額」と書けば、A 社の○○事業の国内の売上高と××事業の国内の売上高を合計した額であろう、と誤って受け止められる可能性は、かなり解消できる。

　本来は、「A 社が属する企業結合集団の国内売上高合計額」という表現は、重言である。最初に述べたように、「A 社に係る国内売上高合計額」と書くだけで、そのような意味を指すことになっているからである。しかし、読み手が独占禁止法に精通していない可能性や、精通しているがうっかり忘れている可能性などに備えて、「A 社に係る国内売上高合計額」でなく「A 社が属する企業結合集団の国内売上高合計額」と書くことには、意味があると思う。

　「開始時刻は午後 1 時から」というのも、一種の重言であるが、散々混乱した後なら、このような表現によるダブルチェックにも意味があるかもしれない（◀ 124～126 頁）。日程調整などで月日を伝え合う際に、曜日を添えると、月日と曜日によるダブルチェックがあるという安心感が生まれる。

(12) インターネット上などで広まっている用語

比較的最近になってインターネット上などで広まっている用語を法律文章で使うか、という問題がある。

「秒で」は、法律文章には時期尚早であるような気がする。同じことを表現するには、一般的な言葉でも「瞬時に」などがあり、法律用語としても「直ちに」などがある。

「真逆」も、まだ早いかもしれない。使わずに済ませるには「正反対」などがある。しかし、実は、ある法律文章で「真逆」を目撃したことがある。受け入れられるのは時間の問題かもしれない。

「課金」は、どうであろうか。様々な意見がありそうである。

時の流れを一つ前にずらし、巻き戻して考えてみれば、現代の法律文章において疑いなく使っている用語にも、昔の人なら眉をひそめた、というものがあるに違いない。その意味では、新しい用語に寛容である必要があるように思われる。

他方で、すぐに消えてしまうような用語を無秩序に受け入れていると、格式や信頼性に影響するかもしれない。「口で話される言葉」と「文章に書かれる言葉」との間で「薄紙一と重を隔てる」ということであり[25]、「格調と気品」を保つということでもあろう[26]。

6 知っておくと便利な法律用語

以下では、第1章で取り上げた基本的な法律用語（◂ 36〜49頁）に加えて、条文などの法律文章の読み書きにおいて知っておくと便

---

[25] 谷崎・前掲注2）『文章読本』「三 文章の要素」「品格について」「一 饒舌を慎むこと」平成8年改版201〜202頁。

[26] 三島由紀夫『文章読本』（中央公論社、昭和34年（中公文庫・令和2年新装版改版））195〜196頁。

利な法律用語を挙げていく。

（1）「当該」

「当該」についての基本的説明

「○○」という名詞が出現し、その後にまた「○○」という名詞が出現する、という場合、二つの「○○」が同じものであるとき、二つ目のものを「当該○○」と書くことがある[27]。

> **解説文で「当該」を使った例**
> 　事業者は、当該事業者にとっての費用を下回らない価格で商品役務を販売する場合には、当該価格が他の事業者にとって対抗できないほどの廉価であるときにも、独占禁止法の不当廉売規制には違反しない。

　上記の例では、1行目のうち二つ目の「事業者」に「当該」を付けて、冒頭の「事業者」と同じ者であることを示している。そうすれば、2行目の「他の事業者」が別の者であることも明確になる。

　また、2行目の「価格」が1行目の「価格」と同じであることを示すため、2行目の「価格」に「当該」が付いている。

　「当該」に続く「○○」は、1語の名詞でなくともよい。全体として一つの名詞形となっていればよい。例えば、民法には、「当該他の共有者」や「当該他の連帯債務者」などがいくつも現れる。独占禁止法には、「当該二以上の事業者」なども現れる。なお、「二以上」は、複数、という意味である。

---

27)　ワークブック新訂第2版779〜780頁。

「当該」と「同」の違い

「当該」と混同されがちであるのが、「同」である。

もし、上記の解説文で、「事業者は、同事業者にとっての費用を下回らない価格で」と書かれていたら、どうか。そのような草稿に対して、日本語の観点からのコメントを求められたことがある。

私には、違和感がある。

これについて説明した文献に接したことはないが、私の違和感を言語化してみると、次のようなことではないかと思う。

先ほどの解説文では、冒頭の「事業者」には、事業者でありさえすれば、A社でも、B社でも、法人となっていない個人C氏でも、代入することができる。その意味で、一般性のある文である。

この場合、「事業者は、□□事業者にとっての」の□□には、「当該」は入るが、「同」は入らない。

前後の文脈で、冒頭の「事業者」はA社である、と決まっている場合がある。そのような場合には、「事業者は、□□事業者にとっての」の□□には「同」が入る。「当該」でもよい。

「同」は、このように、先行するものが既に特定されている場合に使う。「令和4年……同年……」や「前項……同項……」などは、その例である。

「当該」と「同」の違いを言語化した文献は見当たらず、上記はあくまで私見であるが、多くのものはこれで説明できると思う。法令は、一般性の高い文書であるから、「同条」や「同項」などを除くと、「当該」が多くなる。

(2) 「前項の場合において」・「前項に規定する場合において」

「前項の場合において」と「前項に規定する場合において」は、

全く意味が異なる[28]。民法の基本的な条文にも出てくるような、重要な書き分けである。

「前項」でなく、「前条」「第○条」「第一項」などの場合も同じである。以下は、「前項」である例を念頭に置く。

まず、「前項の場合において」は、当該前項の全体を指し、そのような場合において、という意味となる。

「前項の場合において」の例（民法）

（未成年者の営業の許可）

第六条　一種又は数種の営業を許された未成年者は、その営業に関しては、成年者と同一の行為能力を有する。

2　前項の場合において、未成年者がその営業に堪えることができない事由があるときは、その法定代理人は、第四編（親族）の規定に従い、その許可を取り消し、又はこれを制限することができる。

上記の例では、第2項の「前項の場合において」は、第1項のような状況の全体を前提として、第2項で補足を定めることを宣言している。

それに対し、「前項に規定する場合において」は、当該前項において「場合」などと書かれている仮定的条件を満たすのであるなら、という意味である。当該前項の全体を指すのではない。

条文における仮定的条件の表現は、少なくとも次の3通りあるが、このいずれの場合も、「前項に規定する場合において」の対象とな

---

28)　ワークブック新訂第2版764〜765頁。この二つは「はっきり区別して用いられる。」としている。

る仮定的条件となる。

   (a) 当該前項において、「……の場合において」と規定している場合

   (b) 当該前項において、「……の場合において、……のときは」と規定している場合

   (c) 当該前項において、「……のときは」と規定している場合

　(b)では、「前項に規定する場合において」は、当該前項における「場合」と「とき」をいずれも満たすのであるなら、という意味となる。

　(c)では、「前項に規定する場合において」は、「とき」を満たすのであるなら、という意味となる。

「前項に規定する場合において」の例（民法）

（将来債権の譲渡性）

第四百六十六条の六　債権の譲渡は、その意思表示の時に債権が現に発生していることを要しない。

2　債権が譲渡された場合において、その意思表示の時に債権が現に発生していないときは、譲受人は、発生した債権を当然に取得する。

3　前項に規定する場合において、譲渡人が次条の規定による通知をし、又は債務者が同条の規定による承諾をした時（以下「対抗要件具備時」という。）までに譲渡制限の意思表示がされたときは、譲受人その他の第三者がそのことを知っていたものとみなして、第四百六十六条第三項（譲渡制限の意思表示がされた債権が預貯金債権の場合にあっては、前条第一項）の規定を適用する。

上記は、(b)の一例である。第3項の「前項に規定する場合におい
て」は、第2項の「場合」と「とき」がいずれも満たされる状況に
おいては、という意味になる。

(3)「前項……同項……」

　法令では、「前項」と同じ項が再び出てきたら、「同項」と書く。
「前項……同項……」と書き、同じ項を指していることになる。

　先ほど例として掲げた民法第466条の6第3項には、「次条……
同条……」がある。いずれも、第467条を指している。

(4)「次の各号……当該各号……」

　マニアックな豆知識のようであるが、意外に使い道があるのが、
「次の各号……当該各号……」である[29]。

　号の中で二つのものを掲げるときなどに使う。二つのものの間に
は、1字分の空白を入れる。

> 「次の各号……当該各号……」の例（会社法）
>
> 　（設立時募集株式の引受け）
> 第六十二条　次の各号に掲げる者は、当該各号に定める設立
> 　時募集株式の数について設立時募集株式の引受人となる。
> 　一　申込者　発起人の割り当てた設立時募集株式の数
> 　二　前条の契約により設立時募集株式の総数を引き受けた
> 　　者　その者が引き受けた設立時募集株式の数

会社法第2条のように、号ごとに用語を定義する場合も、通常、

29)　ワークブック新訂第2版 781～782 頁。

「次の各号……当該各号……」を使う。各号で、「定義される語＋1字分の空白＋定義」という形で規定する（◀133頁）。

そのように定義規定でも使えるが、上記の会社法第62条のように、定義規定ではない規定で活用する例も多い。通常の書き方なら複雑となる条文も、比較的、明瞭に書ける。

「次の各号……当該各号……」のおかげで、私が関係する組織の規則の規定を簡素化できた経験が、何度もある。

(5)「それぞれ」

「それぞれ」は、様々な使われ方をされるが、次のように、同じことを別々に、という意味であることも多い。

「それぞれ」の例

A社、B社及びC社の3社は、それぞれ、本件製品の販売価格を1キログラム当たり10円引き上げる旨を決定し、その旨を直接ユーザーに申し入れた。

上記の例だけを読むと、3社は、共同して価格引上げをしたとされているのではない。3社が、別々に、価格の引上げを決定し、別々に、ユーザーに申し入れている。そのことを、「それぞれ」という用語が示している。

上記の例のような事実認定は、独占禁止法に違反する価格カルテルの事件でよく見られる。ただ、上記のような事実を認定しただけでは、3社による価格カルテルの合意を認定できたことにはならない。3社が「それぞれ」価格引上げを決定したとしても、そのことだけを見たならば、企業の自然な行為である。そのような事実に加え、3社が事前に情報交換を行っていたなどといった他の事実も認

定し、そのような3社が同時期に価格を引き上げたのは不自然であることなどを示した上で、それらの事実を総合考慮して、価格カルテルの合意があったと認定することになる。

そのような事実認定の構造を読み取るためにも、「それぞれ」という用語に関する知識が、必須となる。

なお、「直接ユーザー」と書いてあると、そのような6字の用語がどこかで定義されているのではないか、と読み手を迷わせる可能性がある。私なら、「その旨を、直接、ユーザーに」と書くと思う（◀96頁）。

(6)「直ちに」・「速やかに」・「遅滞なく」

法令や公用文では、急ぐべき順に、「直ちに」「速やかに」「遅滞なく」を使い分けることとなっている[30]。

(7)「者」・「物」・「もの」

「者」「物」「もの」は、使い分けられている[31]。

「者」は、基本的には、人（自然人）や法人のように法律上の人格を持つものを指す。

「物」は、「者」に該当しない有体物（ゆうたいぶつ）を指す。

「もの」は、次のような場合に用いる、とされる。

(a) 「者」にも「物」にも当たらない抽象的なものである場合

(b) 人格のない社団や財団である場合

(c) 「者」「物」「(a)」「(b)」のうち複数の種類のものが混在している場合

---

30) 公用文考え方 II - 1 解説、ワークブック新訂第2版 771〜774 頁。
31) ワークブック新訂第2版 802〜804 頁。

(d) あるものに更に要件を重ねて限定する場合

(d)は、条文においては、「○○であって、××もの」というように、「であって」と組み合わせて登場することが多い。「○○」と「××」のいずれも満たす必要がある、という意味となる。

「○○であって、××もの」の例（フリーランス法）

（定義）

第二条　この法律において「特定受託事業者」とは、業務委託の相手方である事業者であって、次の各号のいずれかに該当するものをいう。

一　個人であって、従業員を使用しないもの

二　法人であって、一の代表者以外に他の役員（理事、取締役、執行役、業務を執行する社員、監事若しくは監査役又はこれらに準ずる者をいう。第六項第二号において同じ。）がなく、かつ、従業員を使用しないもの

2〜7　（略）

上記のフリーランス法第2条第1項には、次のものが登場する。

- 「業務委託の相手方である事業者であって、次の各号のいずれかに該当するもの」（柱書き）

- 「個人であって、従業員を使用しないもの」（第1号）

- 「法人であって、……もの」（第2号）

これらのいずれにおいても、「○○」は、法律上の人格を持ち、「者」と表現できるものであるが、「○○」は、「者」ではない有体物や抽象的なものであることもある。例えば、行政手続法第2条第6号の「行政指導」の定義では、「……その他の行為であって処分に該当しないものをいう。」となっている。

「者」を「しゃ」と読み、「物」を「ぶつ」と読む人に遭遇することがあるかもしれない。口頭のコミュニケーションで、「者」「物」「もの」のいずれであるかを明瞭に示そうとしているのであろう。普通は、いずれも、「もの」と読めばよい。

(8)「旨（むね）」

「旨（むね）」は、法律文章でよく使われる用語である。「……旨の」と書かれていれば、「原文は「……」と一字一句まで同じではないかもしれないが、おおむねそのような内容の」といった意味となる。

本書でも、既に使っている。「企業結合集団」の定義を条文のとおりに引用すると長いが、条文の長い定義を引用してご覧いただくことまでは必要ない、と判断したため、「親会社・子会社・兄弟会社によって構成される集団を指す旨の定義」が置かれている、と書いた（◀149頁）。

ある文書に、次のような例がある。その文書が引用する必要性の高い資料に、些細な誤りがある。しかし、それを指摘して引用したのでは角が立つ。そこで、原文のとおりには引用せず、かぎ括弧を外して、その些細な誤りを修正した上で、「その資料では、……旨の記載がされている。」と紹介していた。周到で賢明な方法である。

(9) 古い用語について

今では使わないことになっている用語も、講義などにおいて使われることがある。古式ゆかしい味を出そうとする場合や、教える側が昔から慣れ親しんでいるので自然に使っている場合などである。特に頻出するものを第1章で紹介したが（◀24〜26頁）、それ以外にも多くの例がある。

「欠缺」は、その一つである。「欠缺」は、例えば、民法で用いられていたので、ある時期までは、誰もが覚える必要があった。今では使わないことになっているようであり、民法では、平成16年の現代語化の際に、全ての「欠缺」を「不存在」に改めている。第101条第1項と第568条第3項である。第551条第1項にもあったが、その後、別の理由で改正され、痕跡が失われている。

それ以外にも、「違背」「覊束」「懈怠」「齟齬」「踰越」などは、どこかで出てきそうである。

もし言い換えるとすれば、次のようになるであろう。

「違背」は、「違反」や「反する」などを使う。

「覊束」は、「拘束」を使う。

「懈怠」は、「怠る」などを使う。

「齟齬」は、「食い違い」などであろうか。

「踰越」は、「範囲を逸脱する」などを使う。

これらについては、後で、表記の問題として、法令漢字使用等における取扱いを紹介する（➡ 170〜172頁）。

(10)「経過する日」・「経過した日」

「○○日を経過する日」と「○○日を経過した日」は、使い分けられている。

○○日を経過するのは、○○日目の日の24時であると考えられている。したがって、「○○日を経過する日」は、○○日目の日そのものである。それに対し、「○○日を経過した日」は、○○日目の日の24時に○○日が経過し、それを終えた、というわけで、○○日目の日の翌日となる。

以上のことは、法令や契約書などの法律文章に頻出する。次のよ

うな、法律の施行期日を定める規定は、その一例である。

法律の施行期日を定める規定の例

　　　附　則

（施行期日）

第一条　この法律は、公布の日から起算して二十日を経過し

　た日から施行する。

　上記の例は、施行期日の規定として標準的なものであり、特定の法律に典拠があるというわけではない[32]。

　上記の例の附則第 1 条は、解読すると、次のような意味が込められている。

　第 1 に、上記の条文が書かれる前から存在する一般ルールとして、民法第 138 条が、「期間の計算方法は、法令若しくは裁判上の命令に特別の定めがある場合又は法律行為に別段の定めがある場合を除き、この章の規定に従う。」としている。

　第 2 に、上記の民法第 138 条にいう「この章」に置かれた規定の一つである民法第 140 条本文は、「日、週、月又は年によって期間を定めたときは、期間の初日は、算入しない。」と規定している。いわゆる初日不算入原則である。初日の翌日を 1 日目と数える。

　第 3 に、上記の例の附則第 1 条は、「公布の日から起算して」という「特別の定め」を置いているので、民法第 138 条により、民法第 140 条本文の初日不算入原則は覆される。期間の初日である

---

[32]　附則は、条によって規定されることも多いが、項だけによって規定されることも多い（本則も、例外的に、項だけによって規定されることがある。）。項だけによって規定される場合は、通常のルール（◂3〜4 頁）とは異なり、「1」という項番号も付けられる。**ワークブック新訂第 2 版** 218 頁、276〜277 頁。

「公布の日」を1日目と数える。

　第4に、上記の例の附則第1条は、「経過する日」でなく「経過した日」と規定しているので、20日目の日でなく、21日目の日から施行される。

　上記の例の附則第1条は、何の変哲もない文であるように見えるが、以上のような4段階の読み解きを経て初めて、正確な意味を把握することができる。

第5章　表記

　最後の章は、表記である。本書では最後としたが、表記は、公用文や法令の世界では力の入った解説がされる分野である。

　公用文考え方の「Ⅰ　表記の原則」は、まず、「「現代仮名遣い」（昭和61年内閣告示第1号）による漢字平仮名交じり文を基本とし、特別な場合を除いて左横書きする。」と述べる。

　その上で、公用文考え方解説は、次の五つの主な項目を置いて表記を論じている。本書でも、それに沿って、紹介・解説をする。

- 漢字の使い方
- 送り仮名の付け方
- 外来語の表記
- 数字の使い方
- 符号の使い方

それらに入る前に、改めて確認しておきたい。

　これらは、自ら公用文や法令を書こうとするのでない限り、ある程度の参考とすればよいのであって、従うことが強制されるものではない。公用文考え方も、「ただし、広く一般に向けた解説・広報等においては、読み手に配慮し」、他の方法によることができる旨を明記している（公用文考え方Ⅰ－1、Ⅰ－2）。法令漢字使用等は、そこまで明言してはいないが、以下に紹介するいくつかの原則について「例」であると示すなど、一定の配慮をしている。

　以下は、標準的な原則を紹介し、それに対し、私の個人的経験などによって補足したり、別の考え方を述べたりするものである。

　ところで、力の入った解説がされる分野であるだけに、表記につ

いては特に、公用文考え方と法令漢字使用等のいずれにも記述があることが多い。

公用文考え方解説の冒頭の「解説の見方」7 によれば、法令は、広い意味では公用文の一部ではあるものの、公用文考え方の直接の対象とはしていない、としている。その理由として、法令漢字使用等が内閣法制局から示されており、法令の作成要領について立法慣行により一定の基準が確立していることを挙げている。

このように、法令を除く公用文については公用文考え方が、法令については法令漢字使用等が[1]、それぞれ論じていることを念頭に置いて、以下の紹介を行う。

1　漢字の使い方

(1) 漢字の使い方の基本ルール

漢字の使い方について、公用文考え方と法令漢字使用等は、それぞれ、類似の内容で、一応は相互に独立したルールを立てている（公用文考え方 I-1、法令漢字使用等 1）。

基本的なところは共通している。常用漢字表[2]を基本とし、内閣訓令である「公用文における漢字使用等について」[3]におおむね依拠したルールを採用することを述べている。

常用漢字表は、どの漢字を採用するかという「字種」や、どの読みを採用するかという「音訓」などを定めている。

字種として常用漢字表にないこともあれば、字種としては常用漢

---

1)　法令における表記について更に詳しくは、**ワークブック新訂第 2 版** 637〜715 頁が、「用字」の問題として、解説している。

2)　常用漢字表（平成 22 年内閣告示第 2 号）（◀ 26 頁）。

3)　公用文における漢字使用等について（平成 22 年内閣訓令第 1 号）。

字表にあるが音訓がないこともある。

例えば、「要件を充たす」と書く人は、少なくない。しかし、「充」は、字種としては常用漢字表にあるものの、「みたす」という訓が常用漢字表にない。「要件を満たす」と書くのが現在の標準である。同様に、「斥」には「しりぞける」という訓がない。「斥ける」でなく「退ける」と書くのが現在の標準である。

字体は、常用漢字表に示された通用字体を用いることとなっている。「補填」は、法律文章でよく出てくるが、かつては、「補てん」と書かれ、漢字で書こうとしてもパソコン等で「補塡」となってしまう時期が長かった。平成22年の常用漢字表に「塡」が加えられたので、「補塡」とするのが標準となった。

法令漢字使用等は、平成22年の常用漢字表によって漢字で表記することとなったものを例示している（法令漢字使用等1 (1)）。

挨拶　宛先　椅子　咽喉　隠蔽　鍵　覚醒　崖　玩具　毀損
亀裂　禁錮　舷　拳銃　勾留　柵　失踪　焼酎　処方箋
腎臓　進捗　整頓　脊柱　遡及　堆積　貼付　賭博　剝奪
破綻　汎用　氾濫　膝　肘　払拭　閉塞　捕捉　補塡
哺乳類　蜜蜂　明瞭　湧出　拉致　賄賂　関わる　鑑みる
遡る　全て

古い法令において旧字体が用いられている場合は、全て、既に通用字体に置き換えられているものとして取り扱うこととなっている[4]。例えば、独占禁止法第1条のうち、昭和22年の制定時に「公正且つ自由な競争」と表記された部分は現在に至るまで改正さ

4）　ワークブック新訂第2版654～656頁。

れていないが、「公正且つ自由な競争」と規定されているものとして取り扱い、そのように引用する。e-Gov 法令検索や六法も、そうなっている。地の文では、更に、「且つ」を「かつ」と書くことになるが、それは、別の理由による（◀ 29〜30 頁）。

(2) 公用文や法令を念頭に置いた特別の考え方

その上で、公用文考え方や法令漢字使用等は、以下に述べるような特別の考え方を置いている。

常用漢字表で可能となった表記を採用しないもの

法令漢字使用等は、次のものについては、平成 22 年の常用漢字表により（　）の中の表記ができることとなったが、引き続き、下線を付けた表記を用いるものとする、としている（法令漢字使用等 1 (2)）。

壊滅（潰滅）　壊乱（潰乱）　決壊（決潰）

広範（広汎）　全壊（全潰）　倒壊（倒潰）

破棄（破毀）　崩壊（崩潰）　理屈（理窟）

法律文章では、特に、「破棄」が重要であろうか。

「広汎」でなく「広範」、とされるが、「汎用」は使われる。

常用漢字表で可能な複数の表記のうち一つを採用するもの

法令漢字使用等は、次のものについては、（　）の中の表記も可能であるが、平成 22 年の常用漢字表により下線を付けた表記ができることとなったので、そちらを用いるものとする、としている（法令漢字使用等 1 (3)）。

> 臆説（憶説）　臆測（憶測）　肝腎（肝心）

　肝臓も心臓も大事であるが、腎臓も大事である、と教わった記憶がある。

　「附」と「付」のいずれを用いるかという問題がある。現在は、「附則」「附属」「附帯」「附置」「寄附」の五つの用語のみで「附」を用い、それ以外では「付」を用いるということのようである[5]。

常用漢字表にあるが平仮名で表記するもの

　法令漢字使用等は、次のものは、常用漢字表にあるものであっても平仮名で表記するものとする旨を述べている（法令漢字使用等1(4)）。原文のまま、全て引用する。

> | | |
> |---|---|
> | 虞
恐れ | → おそれ |
> | 且つ | → かつ |
> | 従って（接続詞） | → したがって |
> | 但し | → ただし |
> | 但書 | → ただし書 |
> | 外
他 | → ほか |
> | 又 | → また（ただし，「または」は「又は」と
　　　表記する。） |
> | 因る | → よる |

---

5)　ワークブック新訂第2版642頁。

公用文考え方解説は、更に広く、常用漢字表に使える漢字があっても平仮名で書く場合を多く掲げている（公用文考え方 I－1 (3) 解説）。法律文章の観点から主なものを私なりに拾うと、次のようなことが書かれている。

- 助詞・助動詞は、全て、平仮名で書く。

- 動詞・形容詞などのうち、補助的な用法であるものも、平仮名で書く。「〜していく」「〜してくる」「〜てみる」「〜てよい」などである。「声が良い」など、補助的な用法でない場合は漢字を使う。なお、本書では、「〜ほうがよい」「〜すればよい」なども、補助的な用法に近いものと考えて、平仮名で書いている。

- 「こと」「ところ」「わけ」などは、形式名詞である場合には、平仮名で書く。

- 「以下のとおり」などの「とおり」は、平仮名で書く。「大通り」などは、漢字で書く。なお、公用文考え方解説は、別の箇所の地の文において、「2 通り」の「通」を漢字で書いている（公用文考え方 I－3 ア解説）。「2 通り」は「大通り」に近いという考えかと推測される。

- 接続詞は、「及び」「並びに」「又は」「若しくは」以外は、平仮名で書く。

- 接頭辞の「御」は、「お」と読むものは平仮名で書き、「おん」又は「ご」と読むものは漢字で書く。例えば、「お菓子」「お願い」「御中」「御礼」「御挨拶」「御意見」となる。ただし、「御」の後に常用漢字表にない漢字が含まれる場合は、全て平仮名にして、例えば、「ごちそう」「ごもっとも」とする。

- 副詞のうち、「いろいろ」「おおむね」「おのずから」「ちょうど」「よほど」などは、平仮名で書く。漢字を使って「自ら」とするのは、「みずから」と読む場合だけとなる。「みずから」は、常用漢字表に訓がある。

- 「ある」「ない」は平仮名で書くが、有無の対照を強調する場合には「有」「無」を用いた表記をし、所在・存在を強調する場合には「在」を用いた表記をする。

以上において漢字で書くとされたものについても、解説・広報等において、読み手への配慮などに基づいて平仮名を使う場合もある旨が述べられている（公用文考え方I-1 (3) オ解説）。

公用文考え方解説は、以上のほかにも、かなり多くの例を挙げている（公用文考え方I-1 (3) 解説）。

そのうち、個人的に興味深かったものとして、「さらに」と「更に」の使い分けがある。

公用文考え方解説は、接続詞の場合は平仮名で「さらに」とし、副詞の場合は漢字で「更に」とする、としている。しかし、少し考えてみると、「更に過去の条文では」のような場合、後に名詞しか現れないので、この「更に」を副詞と考えてよいのかどうか、分からなくなってしまった。

これは、少し調べたところ、次のように理解できそうである。私のように、副詞の後が必ず用言（動詞・形容詞・形容動詞）でなければならないと考えてしまったのは、英語の副詞（adverb）を学んだ影響であるらしい。日本語の副詞は、中学生向けの標準的な参考書などによれば、「主として連用修飾語となる」とされている。「主として」と書かれている趣旨は、名詞などを修飾することもある、ということのようである。「更に過去の条文では」の「更に」

も、日本語の文法でいう副詞であると考えてよい。したがって、漢字を使って「更に」と書く、と公用文考え方解説が述べているものに、含まれることになる。

常用漢字表にない字種・音訓の取扱い

法令漢字使用等は、常用漢字表にない字種・音訓の取扱いについて、次によるものとする、としている（法令漢字使用等1(5)）。

基本的な法律文章の観点から特に重要なものだけを拾うと、次のようなものがある。

「瑕疵」は、振り仮名を付けて「瑕疵（かし）」とする、とされている。

「拘わらず」は、「かかわらず」とする、とされている。この「○○にかかわらず」は、「○○にとらわれず」「○○であるのに」という意味である。「関わる」は常用漢字表にあるが、それとは意味が異なる。「面倒なことには関わらずに過ごす。」という表記は、あり得ることになる。

「以て」は、「もって」とする、とされている。

「等」は、「ら」と読ませようとするときは、漢字でなく、「ら」とする、とされている。

「猥褻」は、「わいせつ」とする、とされている。

公用文考え方解説は、更に広く、常用漢字表の字種・音訓で書き表せない場合の取扱いを多く掲げている（公用文考え方I-1(2)解説）。

古い用語

法令漢字使用等は、漢字使用に関する記述の最後に、常用漢字表にあるか否かにかかわらず、古くて難しい用語を列挙し、その取扱

いを述べている（法令漢字使用等1（6））。

　基本的な法律文章の観点から特に重要であると私が考えるものだけを抜粋すると、次のようなものがある。抜粋したものは、原文のまま引用する。

> 慰藉料（用いない。「慰謝料」を用いる。）
>
> 違背（用いない。「違反」を用いる。）
>
> 湮滅（用いない。「隠滅」を用いる。）
>
> 開披（用いない。）
>
> 規正・規整・規制（「規正」はある事柄を規律して公正な姿に当てはめることという意味についてのみ，「規整」はある事柄を規律して一定の枠に納め整えることという意味についてのみ，それぞれ用いる。それ以外の場合は「規制」を用いる。）
>
> 覊束（用いない。）
>
> 規程（法令の名称としては，原則として用いない。「規則」を用いる。）
>
> 欺瞞（用いない。）
>
> 欺罔（用いない。）
>
> 狭隘（用いない。）
>
> 懈怠（用いない。）
>
> 牽連（用いない。「関連」を用いる。）
>
> 誤謬（用いない。）
>
> 左の（「次の」という意味では用いない。）
>
> 首魁（用いない。「首謀者」を用いる。）
>
> 情況（特別な理由がある場合以外は用いない。「状況」を用い

る。）

証憑・憑拠（用いない。「証拠」を用いる。）

窃用（用いない。「盗用」を用いる。）

齟齬（用いない。）

疏明（用いない。「疎明」を用いる。）

呈示（用いない。「提示」を用いる。）

停年（用いない。「定年」を用いる。）

捺印（用いない。「押印」を用いる。）

配付・配布（「配付」は交付税及び譲与税配付金特別会計のような特別な場合についてのみ用いる。それ以外の場合は「配布」を用いる。）

紊乱（用いない。）

編綴（用いない。）

法例（用いない。）

輸贏（用いない。）

踰越（用いない。）

臨検・立入検査（「臨検」は犯則事件の調査の場合についてのみ用いる。それ以外の場合は「立入検査」を用いる。）

　何度も繰り返しているように、これらは標準として参考になるというものにとどまる。また、過去の法令の題名や条文などで使われていた用語を引用する必要がある場合にそれらを用いるのは、むしろ自然である。

（3）読み間違われやすい漢字

　このほか、私は、次のようにしている。

常用漢字表によれば問題なく可能な漢字使用であっても、読み間違われやすいものがある。

> **例**
> 　この判決は、このように理解する方が妥当である。

　書き手としては「方」を「ほう」と読んでもらうつもりであっても、一定割合の読み手は、「方」を「かた」と読むであろう。

> **私なりの改善例**
> 　この判決は、このように理解するほうが妥当である。

　上記の改善例のように、私個人としては、1字だけで現れる「方」を「ほう」と読んでもらいたいときには、平仮名で「ほう」と書くようにしている。

　同時に、「かた」のほうの「方」も、1字だけで現れる場合は、なるべく言い換えるようにしている。

　「訳」は、「わけ」とも「やく」とも読める。一律の使い分けルールを導入するのは難しい。その場に応じて、読み間違われる可能性を減らす工夫をするよう心掛けている。

　「おこなった」を「行った」と書くと、「いった」とも読める。しかし、法令や公用文では、活用形を含め、「行う」が頻出する。私は、「行う」は漢字で書き、「行く」は少なめとしている。補助的な用法の「いく」は、平仮名である（◀ 168頁）。

2　送り仮名の付け方

　漢字の使い方と同様に、送り仮名の付け方についても、公用文考え方と法令漢字使用等は、それぞれ、一応は相互に独立したルール

を立てている（公用文考え方Ⅰ-2、法令漢字使用等2）。

　基本的なところは共通している。内閣告示である「送り仮名の付け方」[6)]を基本とし、その主要な内容をいずれにおいても踏襲している。以下では、法令漢字使用等の記述の流れに沿って見ていく。

（1）単独の語

　法令漢字使用等は、後で述べる「複合の語」でないという意味での「単独の語」については、内閣告示「送り仮名の付け方」が示す主要なルールに依拠することとしている（法令漢字使用等2(1)）。

　具体的には、内閣告示「送り仮名の付け方」のうち、本文の通則1から通則5までのそれぞれの「本則」と「例外」に従うこととされている。ただし、通則2には「例外」の規定がない。

　それらの内容は詳細を極めるが、学校教育で教えられる標準的な送り仮名の付け方を精密に言語化しようとしたために詳細となったもの、という観がある。標準的な送り仮名の付け方を体得していれば十分である。ここでは省略する。

　そのうち、通則4の「本則」は、活用のある語から転じた名詞は「もとの語の送り仮名の付け方によって送る。」としている。これにより、かつての「定」（◀29〜30頁）が現在では「定め」と表記され、かつての「責」が現在では「責め」と表記されている。昭和31年制定の下請法には「責に帰すべき」という表記があるが、平成16年に現代語化された民法では「責めに帰すべき」という表記となっている。いずれも、「せめにきすべき」と読む。

....
6）　送り仮名の付け方（昭和48年内閣告示第2号）。送りがなのつけ方（昭和34年内閣告示第1号）を改めたものである。

（2）複合の語

ルールの全体像

　複合の語の中には、活用のない語（名詞など）となった場合に例外的に送り仮名を省くものが多い。「取り消す」を名詞としたら「取り消し」でなく「取消し」となる、といったようにである。そして、このような例外的な送り仮名の省略が、公用文や法令における表記の重要な特徴となっている。

　他方で、送り仮名の省略をしない原則どおりの複合の語もある。「抱き合わせる」は、名詞でも、通常は、「抱き合わせ」とする。

　複合の語における送り仮名の付け方のルールの構造を簡単に描けば、次のとおりである。

- 　全て原則のとおりの複合の語
- 　例外的な複合の語
    - ▶　活用のある語の場合は、原則どおりである。
    - ▶　活用のない語の場合に、例外的に送り仮名を省く。
        - ●アのリスト
        - ●イのリスト

複雑であるから、上記でも全てを描けているわけではないが、おおむね、上記のような構造である。

　以下では、次のような順序で説明する。

　まず、「原則ルール」を見る。

　次に、「例外の概要」として、例外とはどのようなものであるのかを、「例外の代表例」のリストを掲げながら、概説する。

　その上で、「例外ルール」を説明し、それを構成する「アのリスト」と「イのリスト」を掲げる。

原則ルール

　原則は、複合の語であっても、単独の語のルール（◀ 174 頁）の
とおりに送り仮名を付けて組み合わせるだけである。内閣告示「送
り仮名の付け方」本文の通則 6 の「本則」に基づく。

　「抱き合わせる」は、名詞となっても、通常、送り仮名を省かず、
「抱き合わせ」とする。公用文考え方の文面から拾うと、「繰り返
し」「差し支え」「使い分け」なども、原則どおりとなっている。

例外の概要

　例外の対象となる複合の語であっても、活用のある語である場合
は、原則どおりに送り仮名を付ける。例えば、「取り消す」「取り調
べる」「申し立てる」である。

　ところが、これらが活用のない語となった場合は、例外的に、送
り仮名の全部又は一部を省く。「取り消し」でなく「取消し」であ
り、「取り調べ」でなく「取調べ」であり、「申し立て」でなく「申
立て」である。昔は「取消」「取調」「申立」であったが（◀ 28 頁）、
そこまでは省かない。しかし、重要であり頻出するためか、少し省
く。それが、現在の法律文章の標準的ルールである。

　どの複合の語について例外的に送り仮名を省くかを、暗記する必
要は全くない。特に、これから法学を学ぼうとする学生は、暗記し
なければならないとは思わないでほしい。

　大切であるのは、そのようなルールがあるということを知ってお
くことである。条・項・号を指し示すときに「第」を付けるのも、
そうであった。学生や受験生は、「第」を付けなくてもよい。しか
し、本当は「第」を付けるのであるということは、知っておいたほ
うがよい（◀ 11〜15 頁）。それと同じである。

そのような意味で、次のように、例外の代表例を列挙する。

最初の「複合の動詞」の送り仮名の付け方は、原則どおりである。動詞であるので活用があり、例外の対象とされていない。

送り仮名の付け方が例外的であるのは、「複合の名詞」と「更に名詞が複合した語の例」である。

例外の代表例

複合の動詞	複合の名詞	更に名詞が複合した語の例
明け渡す	明渡し	明渡請求
言い渡す	言渡し	言渡期日
売り上げる	売上げ	売上額・売上高
差し押さえる	差押え	差押物件・差押命令
差し止める	差止め	差止請求・差止訴訟
差し戻す	差戻し	差戻審
立ち入る	立入り	立入検査
取り扱う	取扱い	取扱注意・取扱説明書
取り消す	取消し	取消請求・取消訴訟
取り締まる	取締り	取締役・取締官
取り調べる	取調べ	取調室
取り立てる	取立て	取立訴訟
引き渡す	引渡し	引渡人
見積もる	見積り	見積書
申し立てる	申立て	申立人
譲り受ける	譲受け	譲受人
読み替える	読替え	読替規定
割り当てる	割当て	割当額

上記においては、法律文章に比較的よく出てくるのではないかと思われるものを厳選して掲げた。

　それら以外にも、複合の名詞の送り仮名を例外的に省くこととなっている例は多い。「受入れ」「組合せ」「問合せ」「取決め」「取下げ」「引上げ」「引下げ」「申合せ」などである。

　「譲受け」という複合の名詞に対応して「譲渡し」という複合の名詞でも送り仮名を例外的に省くことになっているが、「譲渡」という名詞を使う法律が多いように見受けられるので、例外の代表例には掲げなかった。法令の条文で「譲渡し」となっている場合は、「譲渡する」という動詞の連用形であることが多い。

　「売上げ」は、法律文章でも例外的に送り仮名を省くことになっているが、会計などの他の専門分野においては、更に末尾の送り仮名も省いて「売上」と書くことが定着している。それに合わせようとしているのか、「売上」と書く法律家も多い。それも一つの方法である。私は、法律文章の標準ルールに従って「売上げ」と書いている。後ろに更に名詞が複合すると「売上額」「売上高」となる。

　末尾に平仮名が付かないものもある。「売手」「買手」「箇条書」「小売」「下請」「支払」「ただし書」「手続」「届出」「取組」「取引」「申出」などである。このようなものは、更に名詞が複合しても新たに送り仮名が省かれるわけではなく、3通りの変化を楽しめるわけではないから、上記のリストには盛り込まなかった。

　以上のような例外的な送り仮名の付け方は、多くの場合、マスメディア表記と明確に異なっている。マスメディアでは、「立入検査」でなく「立ち入り検査」であり、「取消請求」でなく「取り消し請求」である。

　公用文考え方それ自体も、読み手に応じた例外を寛容に認めてい

る。例外の例外であって原則どおり、ということになる。「手続」を「手続き」とするなどである（公用文考え方Ⅰ－２ウ解説）。

　広い意味の公共部門に属する組織で、「申出」でなく「申し出」と書くところもある。

　法令や公用文における送り仮名の例外的な省略に対しては、原則を徹底して親しみやすい文章を目指そうとする立場から、批判もある。そのことは銘記する必要がある。しかし、重要な用語を中心に、ほとんど全ての法令において例外的な送り仮名の省略が浸透している中で、これが一朝一夕に変わるとは考えにくい。追って掲げる例外リストの中には、一般の人たちの間でも定着している表記例も見られる。送り仮名の例外的な省略というものが存在することと、その位置付けの骨子は、知っておいたほうがよい。

例外ルール

　以上が、例外の概要である。これだけを知れば十分である。

　以下では、念のため、例外のルールをもう少し言語化し、法令漢字使用等が掲げている二つの例外リストを転載する。

　法令漢字使用等は、二つの例外リストの冒頭で「例」であると断っているのであるが、例外リストに掲げられたもの以外の複合の名詞で送り仮名が省かれている例に接することは、多くない。

　例外リストに忠実な例として、「括弧書き」と「柱書き」がある。「ただし書」と「箇条書」では送り仮名を省くのに、「括弧書き」と「柱書き」は、ワークブック新訂第２版では、送り仮名の「き」が省かれていない[7]。これは、例外リストに載っているか否かの違

----

[7]　「括弧書き」という表記の例としてワークブック新訂第２版198頁、「柱書き」という表記の例としてワークブック新訂第２版528〜529頁。

いによるものではないかと推測される。

「枠組み」も同様の例であろう。「取組」では送り仮名を省くが、「枠組み」では省かない。

ただし、先ほど掲げた「例外の代表例」のリスト（◀ 177 頁）のうち「更に名詞が複合した語」のように、複合の語に更に名詞が複合すると、二つの例外リストに掲げられていないものであっても、送り仮名が省かれやすい傾向がある。

二つの例外リストは、それぞれが大量の例によって構成されている。法令漢字使用等 2 (2) アのリストとイのリストである。便宜上、以下では、「アのリスト」「イのリスト」と呼ぶ。

アのリスト

アのリストに掲げられた 186 語は、それと全く同じものが内閣訓令である「公用文における漢字使用等について」の「2 送り仮名の付け方について」にも掲げられており、これが公用文考え方解説にも転載されている（公用文考え方 I－2 イ解説）。公用文・法令に共通して例外リストに含まれているもの、ということになる。

アのリストは、内閣告示「送り仮名の付け方」本文の通則 6 の「許容」に基づくものである。

アのリストを、全てそのまま掲げる。

アのリスト

【例】

明渡し　預り金　言渡し　入替え　植付け　魚釣用具

受入れ　受皿　受持ち　受渡し　渦巻　打合せ　打合せ会

打切り　内払　移替え　埋立て　売上げ　売惜しみ　売出し

売場　売払い　売渡し　売行き　縁組　追越し　置場　贈物
帯留　折詰　買上げ　買入れ　買受け　買換え　買占め
買取り　買戻し　買物　書換え　格付　掛金　貸切り　貸金
貸越し　貸倒れ　貸出し　貸付け　借入れ　借受け　借換え
刈取り　缶切　期限付　切上げ　切替え　切下げ　切捨て
切土　切取り　切離し　靴下留　組合せ　組入れ　組替え
組立て　くみ取便所　繰上げ　繰入れ　繰替え　繰越し
繰下げ　繰延べ　繰戻し　差押え　差止め　差引き　差戻し
砂糖漬　下請　締切り　条件付　仕分　据置き　据付け
捨場　座込み　栓抜　備置き　備付け　染物　田植　立会い
立入り　立替え　立札　月掛　付添い　月払　積卸し
積替え　積込み　積出し　積立て　積付け　釣合い　釣鐘
釣銭　釣針　手続　問合せ　届出　取上げ　取扱い　取卸し
取替え　取決め　取崩し　取消し　取壊し　取下げ　取締り
取調べ　取立て　取次ぎ　取付け　取戻し　投売り　抜取り
飲物　乗換え　乗組み　話合い　払込み　払下げ　払出し
払戻し　払渡し　払渡済み　貼付け　引上げ　引揚げ
引受け　引起し　引換え　引込み　引下げ　引締め　引継ぎ
引取り　引渡し　日雇　歩留り　船着場　不払　賦払
振出し　前払　巻付け　巻取り　見合せ　見積り　見習
未払　申合せ　申合せ事項　申入れ　申込み　申立て　申出
持家　持込み　持分　元請　戻入れ　催物　盛土　焼付け
雇入れ　雇主　譲受け　譲渡し　呼出し　読替え　割当て
割増し　割戻し

イのリスト

イのリストを、全てそのまま掲げる。説明は、その後に回す。

イのリスト

【例】

合図　合服　合間　預入金　編上靴　植木　（進退）伺

浮袋　浮世絵　受入額　受入先　受入年月日　請負　受付

受付係　受取　受取人　受払金　打切補償　埋立区域

埋立事業　埋立地　裏書　売上（高）　売掛金　売出発行

売手　売主　売値　売渡価格　売渡先　絵巻物　襟巻　沖合

置物　奥書　奥付　押売　押出機　覚書　（博多）織　折返線

織元　織物　卸売　買上品　買受人　買掛金　外貨建債権

概算払　買手　買主　買値　書付　書留　過誤払　貸方

貸越金　貸室　貸席　貸倒引当金　貸出金　貸出票

貸付（金）　貸主　貸船　貸本　貸間　貸家　箇条書　貸渡業

肩書　借入（金）　借受人　借方　借越金　刈取機　借主

仮渡金　缶詰　気付　切手　切符　切替組合員　切替日

くじ引　組合　組入金　組立工　倉敷料　繰上償還　繰入金

繰入限度額　繰入率　繰替金　繰越（金）　繰延資産

消印　月賦払　現金払　小売　小売（商）　小切手　木立

小包　子守　献立　先取特権　作付面積　挿絵　差押（命令）

座敷　指図　差出人　差引勘定　差引簿　刺身　試合

仕上機械　仕上工　仕入価格　仕掛花火　仕掛品　敷網

敷居　敷石　敷金　敷地　敷布　敷物　軸受　下請工事

仕出屋　仕立券　仕立物　仕立屋　質入証券　支払

支払元受高　字引　仕向地　事務取扱　事務引継　締切日

所得割　新株買付契約書　据置（期間）　（支出）済（額）

関取　備付品　（型絵）染　ただし書　立会演説　立会人

立入検査　立場　竜巻　立替金　立替払　建具　建坪　建値

建前　建物　棚卸資産　（条件）付（採用）　月掛貯金

付添人　漬物　積卸施設　積出地　積立（金）　積荷　詰所

釣堀　手当　出入口　出来高払　手付金　手引　手引書

手回品　手持品　灯台守　頭取　（欠席）届　留置電報

取扱（所）　取扱（注意）　取入口　取替品　取組　取消処分

(麻薬)取締法　取締役　取立金　取立訴訟　取次（店）

取付工事　取引　取引（所）　取戻請求権　問屋　仲買

仲立業　投売品　並木　縄張　荷扱場　荷受人　荷造機

荷造費　（春慶）塗　（休暇）願　乗合船　乗合旅客

乗換（駅）　乗組（員）　場合　羽織　履物　葉巻　払込（金）

払下品　払出金　払戻金　払戻証書　払渡金　払渡郵便局

番組　番付　控室　引当金　引受（時刻）　引受（人）

引換（券）　（代金）引換　引継事業　引継調書　引取経費

引取税　引渡（人）　日付　引込線　瓶詰　歩合　封切館

福引（券）　船積貨物　踏切　振替　振込金　振出（人）

不渡手形　分割払　（鎌倉）彫　掘抜井戸　前受金　前貸金

巻上機　巻紙　巻尺　巻物　待合（室）　見返物資　見込額

見込数量　見込納付　水張検査　水引　見積（書）　見取図

見習工　未払勘定　未払年金　見舞品　名義書換　申込（書）

申立人　持込禁止　元売業者　物置　物語　物干場

(備前)焼　役割　屋敷　雇入契約　雇止手当　夕立　譲受人

湯沸器　呼出符号　読替規定　陸揚地　陸揚量　両替　割合

割当額　割高　割引　割増金　割戻金　割安

以上に掲げたイのリストは、内閣告示「送り仮名の付け方」の通則7に基づくものである。通則7は、慣用が固定している場合には送り仮名を付けない、としている。その中には、「一般に、慣用が固定していると認められるもの」もあるが、「特定の領域の語で、慣用が固定していると認められるもの」もある。

　法令漢字使用等のイのリストは、「送り仮名の付け方」の通則7が掲げる例と比べて大量の複合の語を掲げている。これは、法令という「特定の領域」で慣用が固定していると考えているからであると推測される。

　下線が付いているものは、「送り仮名の付け方」通則7で既に例示されているものである（法令漢字使用等2 (2) イ備考1）。つまり、法令という特定の領域でなくとも既に送り仮名を省くという慣用が固定していると判断されているもの、ということになる。例えば、「受付」「試合」「物語」「役割」などは、送り仮名を省く慣用が、法令以外の分野でも広く固定しているように思われる。

　（　）が付いているものは、（　）の中を他の漢字で置き換えた場合にも同様に送り仮名を省くとされている（法令漢字使用等2 (2) イ備考2）。

3　外来語の表記

　公用文考え方は、次のように述べている。

　「外来語の表記は、「外来語の表記」（平成3年内閣告示第2号）に基づくものとする。「外来語の表記」の第1表によって日本語として広く使われている表記を用いることを基本とし、必要に応じて第2表を用いる。第1表及び第2表にない表記は、原則として使用しない。」（公用文考え方I- 3）。

外来語については、表記に関することも含め、既に述べた（◂119～121 頁）。

4 数字の表記

数字の使い方について、公用文考え方は種々のことを述べている（公用文考え方Ⅰ-4）。主なものを紹介し、若干のことを述べる。

(1) 数字の表記の大原則

公用文考え方によれば、次のとおりである（公用文考え方Ⅰ-4 ア～ウ）。

横書きでは、算用数字を使う。後述のように、例外がある。

大きな数は、三桁ごとにコンマで区切る。

兆・億・万の単位は、漢字を使う。

公用文考え方解説は、例として次の 3 通りを掲げているが（公用文考え方Ⅰ-4 ウ解説）、どうであろうか。

　(a)　1 億 2,644 万 3,000 人

　(b)　1 億 2644 万 3000 人

　(c)　126,443,000 人

大きな数を三桁ごとにコンマで区切るのは、英語等の数の数え方（thousand, million, billion, ...）の影響を受けたものであろう。そうすると、「2,644 万」でなく「26,44 万」とすべきであるという感覚もあり得るところである。私個人は、「26,44 万」とすべきであるとは思わないが、混乱を招きやすいという意味で、(a)には少し違和感がある。(b)ならよいと思う。公用文考え方解説も、同様の考え方があり得ることに言及している（公用文考え方Ⅰ-4 ウ解説）。(c)も、もちろんあり得る。

(2) 算用数字の全角と半角

公用文考え方は、「全角・半角は、文書内で使い分けを統一する。」としている（公用文考え方I−4エ）。

これには、補足説明が必要である。

推測ではあるが、算用数字は全て半角とする、という意見も、有力であったのではないかと思われる。

それに対し、一部の組織や人の流儀として、「一桁の算用数字は全角、二桁以上の算用数字は半角」、とされることがある。その流派への配慮をした結果が、冒頭の最終的な公用文考え方である、と受け止めれば、意味を理解しやすいのではないか。

検索のしやすさやフォントの統一感など、様々な角度から各種の意見がありそうなところである。

(3) 概数の表記

公用文考え方は、「概数は、漢数字を使う。」としている（公用文考え方I−4オ）。「横書きでは、算用数字を使う。」の例外であるということになる。

例として、「二十余人」や「数十人」が掲げられている。

私は、この方針がよいのではないかと思う。最近では「10数人」という表記をよく見かけるが、一の位が「0」ではなく、「十二」かもしれないし「十三」かもしれないから、「十数人」なのではないか。「数10人」という表記も見かけるが、十の位が「1」ではなく、「二十人」かもしれないし「三十人」かもしれないから、「数十人」なのではないか。

公用文考え方解説は、算用数字で統一したい場合は、「20余人」でなく「20人余り」とする、「40〜50人」とする、などと書き方

を工夫すべき旨を、追記している（公用文考え方Ⅰ－4オ解説）。

（4）語を構成する数や常用漢字表の訓による数え方

公用文考え方は、「語を構成する数や常用漢字表の訓による数え方などは、漢数字を使う。」としている（公用文考え方Ⅰ－4カ）。

公用文考え方にも例が掲げられているが、公用文考え方解説にはそれぞれの例の属性も書かれている。そちらに従って、以下、列挙する。例は、一部のみを掲げる。

　（ア）　熟語、成語、ことわざを構成する数

　　　　　例　二者択一　　三日坊主　　再三再四

　（イ）　常用漢字表の訓、付表の語を用いた数え方

　　　　　例　一つ、二つ、三つ…

　（ウ）　他の数字と置き換えられない数

　　　　　例　三権分立　　六法全書　　七福神　　二十四節気

　（エ）　歴史、伝統文化、宗教等の用語

　　　　　例　前九年の役　　三国干渉　　お七夜　　七五三

固有名詞も、当然、これに含まれるであろう。「8王子」や「神戸3宮駅」では具合が悪い。（ア）の一種ということになるであろうか。

（イ）について、公用文考え方解説は、「一般の社会生活において、横書きでは算用数字を使った「1つ、2つ、3つ…」という表記が広く使われている。」と述べ、公用文でもそのことに鑑みた対応をすることがある旨を記している（公用文考え方Ⅰ－4カ（イ）解説）。

（ウ）の例とされる「六法」は、通常、憲法・民法・刑法・商法・民事訴訟法・刑事訴訟法の六つを指すと考えられている。これに、現在の司法試験の必須科目などに鑑みて、行政法を加え、「七

法」という言葉が使われることもある。しかし、上記の六つの法分野を指すという具体的なイメージよりも、ともかく主要な法令を集めた法令資料集であるという意味で、「六法」という用語が定着している。その意味で、「六法」の「六」は、「他の数字と置き換えられない数」の地位を保っているようである。

(5) 縦書きの数字

公用文考え方は、「縦書きする場合には、漢数字を使う。」としている（公用文考え方I−4キ）。

文庫や新書など、縦書きを維持しつつ親しみやすい方向を目指す書籍では、縦書きで算用数字を使うものもよく見かける。種々の工夫のしどころであろう。

公用文考え方は、「縦書きされた漢数字を横書きで引用する場合には、原則として算用数字にする。」としている（公用文考え方I−4ク）。

これは、多くの横書き資料における条文の引用でも実践されている。そのこと自体に異論はない。

しかし、横書きではあるが漢数字を用いるべき例外が存在する以上（◀ 186〜189 頁）、漢数字を算用数字に全置換するというわけにはいかない。そうすると、確認の手間がかかる。正統性のある漢数字の原文を算用数字とするためにわざわざ手間をかけたり頭を使ったりすることには意味がない、という考え方もあり得る。

本書では、内容の性格上、原文のとおりであることに一定の意味があるため、原文が漢数字であるものを引用する場合には、横書きの書籍ではあるが漢数字のままとした。e-Gov 法令検索が漢数字を使っているのも、同様の考えによるものであろう。

そのようなことに対応して、公用文考え方解説は、「ただし、元の表記を示すために、漢数字を用いる場合もある。」としている（公用文考え方 I − 4 ク解説）。

(6)「○か所」・「○か月」

　公用文考え方は、「算用数字を使う横書きでは、「○か所」「○か月」と書く」とし、「ただし、漢数字を用いる場合には「○箇所」「○箇月」のように書く。」としている（公用文考え方 I − 4 ケ）。

　「3 か所」や「7 か月」が例示されている。

　公用文考え方解説は、更に次のように述べている（公用文考え方 I − 4 ケ解説）。

- 「3 ヶ所」「7 カ月」といった表記はしない。
- 「縦書きで漢数字を用いる場合には「三箇所」「七箇月」と書く。これを横書きにして引用するときには、「3 か所」「7 か月」のように直す。（必要に応じて、元の縦書きにおける表記と同じにすることもある。）」
- 概数などの理由で漢字を先行させる場合には、横書きでも「箇所」を用いる。例として、「数箇所」「数十箇所」「何箇所」「何箇月」がある。

5　符号の使い方

　公用文考え方は、符号の使い方として、主に、句読点や括弧の使い方について述べている（公用文考え方 I − 5）。

(1)「。」(マル)と「、」(テン)を用いる

　公用文考え方は、「句点には「。」（マル）読点には「、」（テン）

を用いることを原則とする。横書きでは、読点に「，」（コンマ）を用いてもよい。ただし、一つの文書内でどちらかに統一する。」としている（公用文考え方Ⅰ－5 (1) ア）[8]。

「読点には「、」（テン）を用いること」が「原則」とされている。

これは、令和4年の公用文考え方によって大きく変わった点の一つである。

それまで通用していた昭和27年の「公用文作成の要領」[9]第3の5注2は、「句読点は，横書きでは「，」および「。」を用いる。」としていた。

官庁には、これに従って「，」を用いていたところと、「、」を用いていたところの、両方があったように思われる。内閣法制局による平成22年の法令漢字使用等は、横書きであり、「，」を用いている。

裁判所は、平成13年より前は判決の原文が縦書きであったため、当然のこととして「、」を用いており、「，」か「、」かを考える必要がなかったのであるが、平成13年から判決が横書きに移行するに際し、「，」を用いた。

「，」を用いていたところも、ほとんどが、令和4年の公用文考え方に合わせ、「、」に移行している。

出版物などでは、引き続き、「，」が用いられていることがある。私の単著では、かなり前から特に希望して「、」を使っていただいている。しかし、雑誌など、個人の希望ではなく全体のルールに合わせるべき場合には、「，」となることもある。

8） 原文のまま引用している。
9） 内閣官房長官が「各省庁次官宛て」で「公用文改善の趣旨徹底について（依命通知）」（内閣閣甲第16号、昭和27年4月4日）という通知をし、国語審議会の建議に係る「公用文作成の要領」の「貴部内へ周知方」を求めたもの。

(2)「・」(中点・中黒)

　公用文考え方は、「「・」(ナカテン) は、並列する語、外来語や人名などの区切り、箇条書の冒頭等に用いる。」としている (公用文考え方 I−5 (1) イ)。

　区切りとしての「・」については、外来語に関係して、既に述べた (◀119〜121 頁)。

(3) ( )(丸括弧)と「　」(かぎ括弧)

括弧に関する基本的な考え方

　公用文考え方は、「括弧は、()(丸括弧) と「」(かぎ括弧) を用いることを基本とする。」としている (公用文考え方 I−5 (1) ウ)。

かぎ括弧の用途

　かぎ括弧の用途には、いろいろとある。

　第1に、人物の発言に使われる。法律文章でも、判決などで、人物の発言は多く現れる。

　第2に、引用部分を明示するために使われる。この場合、かぎ括弧の中が原文と一致することが求められる。

　マスメディアなどの記事には、例えば裁判所の判決の報道などにおいて、原文とは関係なく、判決の内容であるとしてかぎ括弧を使っていることがある。そして、そうした記事の読者の中には、そうとは知らず、かぎ括弧の中身が原文のとおりであると誤信する人もいる様子を、SNS で見かけることもある。かぎ括弧の中は原文と一致することが求められるという基本的前提を共有している書き手・媒体であるか、そうではない書き手・媒体であるかを、読み手が見分ける必要がある。

第3に、いま論じているものを際立たせるために使われる。「かっこ」でなく「括弧」と書く、という場合の「　」のような使い方である。

私は、括弧でくくろうとするものが英文であっても、気にせず、日本語のかぎ括弧を用いる。「relevant market」は「関連市場」でなく「検討対象市場」と訳すのが適切である、というような使い方である。括弧の中に入るのが英語の場合には“　”を使おうとする人もおり、その考え方は尊重したいが、全体としては日本語の文章を書いているのであるから、日本語の文章としての論理・整合性・統一感を優先してもよいのではないかと考えている。

括弧の中に同種の括弧を置く場合

公用文考え方は、「() や「」の中に、更に () や「」を用いる場合にも、そのまま重ねて用いる。」としている（公用文考え方 I− 5 (1) ウ）。

私も、同じ考えである。

出版物などで、「　」の中に同種の括弧を置く場合に『　』を用いることとしているものは多い。そのほうが見やすいという考え方も可能であり、そのような考え方は尊重したい。

しかし、一長一短である。

例えば、独占禁止法第2条第5項を引用する際に、「この法律において『私的独占』とは、……」と書くことを求められると、原文とは異なる括弧を用いることに若干の抵抗を感じる。

また、そのルールに従った場合、自分がしっかり確認した自分の著作であるにもかかわらず、「　」の中をコピーして、条文であるとして別のところで示したら、そのままでは誤りであることになる。

さらに、編集の途中で方針が変わり、外側のかぎ括弧が外れることになった場合には、『　』を全て「　」に差し替えるという作業が発生する。

　出版物などで、（　）の中に同種の括弧を置く場合に〔　〕を用いることとしているものもあるが、これについても同様である。推敲するうちに外側の（　）を外すと、内側の〔　〕を（　）に改めなければならなくなる。

　（　）の中に（　）を用いることは、著者が避けようとすれば、かなり避けることができる。

　それに対し、「　」の中に「　」を用いる機会は、引用文などにおいてしばしば訪れる。本書にも、多くある。

(4) 括弧の中の末尾に句点（。）を打つか

公用文考え方が示すルール

　括弧の中の末尾に句点（。）を打つか、という問題については、様々な意見がありそうであるが、公用文考え方は、「括弧の中で文が終わる場合には、句点（。）を打つ。ただし、引用部分や文以外（名詞、単語としての使用、強調表現、日付等）に用いる場合には打たない。また、文が名詞で終わる場合にも打たない。」としている（公用文考え方Ⅰ－5（1）エ）。

句点（。）を打つ場合

　「括弧の中で文が終わる場合には、句点（。）を打つ。」という例としてすぐに思いつくのは、法令の条文の、「（以下「国内売上高合計額」という。）」の「。）」のようなものであろう。

　これに対しては異論もあると思われる。符号が連続することを好

まない人は多い。

　他方で、読んだり書いたりする文書の性質にもよると思うが、上記のような場合には句点を打つほうがよいと考える人も少なくない。私も、そちらに親近感を持つ。

　私が、上記のような場合には句点を打つほうがよいと考える理由は、主に二つある。

　第1に、文の終わりに句点を打つことを徹底したほうが論理的である。特に、括弧の中に複数の文がある場合である。例えば、「（Aを含む。Bを除く）」となっていると、「Aを含む」と「Bを除く」は同等であるのに、なぜ前者だけに句点を打つのか、ということになる。気持ちだけの問題であれば、その気持ちをどうにか飼い慣らせばよいのかもしれない。しかし、大量のテキストの中から検索したり置換したりする可能性がある文書では、規則正しく符号を書き込んでいることが大きな意味を持つことがある。

　第2に、何かを引用している場合には、そこに句点がある、ということが、一つの貴重な情報である。例えば、「民法第4条は、「年齢十八歳をもって、成年とする」と規定している。」というように引用した場合、条文において、「成年とする」で文が終わっているのか否かが、定かではない。「成年とする。」と引用すれば、そこで文が終わっていることが分かる。句点を削ると、その情報が失われることになる。

例外的に句点（。）を打たない場合

　公用文考え方は、括弧の末尾で句点を打たない場合についても、言及している。再掲すると、「ただし、引用部分や文以外（名詞、単語としての使用、強調表現、日付等）に用いる場合には打たない。

また、文が名詞で終わる場合にも打たない。」としている（公用文考え方Ⅰ-5(1)エ）。

「文以外……に用いる場合」と「文が名詞で終わる場合」は、分かりやすい。前者の例として、公用文考え方では、「国立科学博物館（上野）」が掲げられている。後者の例は、公用文考え方には掲げられていないように思われる。例えば、「入口は1階（休日の入口は地下1階）」などであろうか。

「引用部分」の例は、分かりにくい。

その点を考えるために、公用文考え方が掲げる三つの例を並べてみよう（公用文考え方Ⅰ-5(1)エ）。

(a) 「決める。」と発言した。

(b) 議事録に「決める」との発言があった。

(c) 「決める」という動詞を使う。

(c)は、「単語としての使用」であろう。

(a)は、「決める。」というように句点を含む意味を持つ明確な発言をしたのであるから、句点を打つ、という趣旨であると思われる。「括弧の中で文が終わる場合には、句点（。）を打つ。」という原則ルールの例として、掲げたものであろう。

しかし、そのような意味の発言であるならば、議事録から引用して「引用部分」となる場合にも、句点を打って、「議事録に「決める。」との発言があった。」とするのではないであろうか。

そのことと、「引用部分」であれば句点は打たないとして(b)を例示しているように見えることとの整合性が、分かりにくい。

公用文考え方の内容に対する私の推測として述べると、(b)は、例えば、「決めることにしましょう。」という発言の一部を切り取って「議事録に「決める」との発言があった。」と述べている場合を想定

しているのではないかと思われる。

　公用文考え方の記述が、そのあたりを適切に伝えるような一般論や例示とはなっていなかった、ということではないかと思われる。例えば、一般論は、「引用部分」でなく「末尾に句点を含まない部分を引用する場合」などとして、例は、「議事録の発言の中に「決める」という部分があった。」などとしたほうが明瞭であったのではないか。

　あくまで、私の推測である。

　以上のほか、そもそも、括弧の末尾で文が終わっていない、という場合には、句点を打たない（公用文考え方Ⅰ－5（1）エ本文の反対解釈）。法令の条文では、例えば、「……その事由が終了する（……場合にあっては、その終了の時から六箇月を経過する）までの間は、時効は、完成しない。」というものがある（民法第147条第1項）。

（5）「二つ以上の文、又は、文章全体」に付ける括弧書き

　公用文考え方は、「文末にある括弧と句点の関係を使い分ける。文末に括弧がある場合、それが部分的な注釈であれば閉じた括弧の後に句点を打つ。二つ以上の文、又は、文章全体の注釈であれば、最後の文と括弧の間に句点を打つ。」としている（公用文考え方Ⅰ－5（1）オ）。

　具体例を掲げるほうが分かりやすいであろう。公用文考え方解説が掲げる例をそのまま掲げる（公用文考え方Ⅰ－5（1）オ解説）。

- 　「部分的な注釈」の例
　「当事業は一時休止を決定した。ただし、年内にも再開を予定している（日程は未定である。）。」

- 「二つ以上の文、又は、文章全体の注釈」の例

  「当事業は一時休止を決定した。ただし、年内にも再開を予定している。（別紙として、決定に至った経緯に関する資料を付した。）」

「二つ以上の文」に加えて「文章全体」が掲げられているのであるから、論理的には、「文章全体」が一つの文である可能性も想定されているものと思われる。

(6) 単位を表す符号

公用文考え方は、「単位を表す符号を用いる場合は、文書内で用法を統一して使う。」としている（公用文考え方Ⅰ－5 (2) エ）。例えば、「パーセント」とするか「％」とするかを文書内で統一する、という趣旨であろう（公用文考え方Ⅰ－5 (2) エ解説）。

法令では、「パーセント」を使った例が昭和の時代から存在したが、法定利率の規定は、平成中期の現代語化を経てもなお、「年五分」「年六分」と規定されており、平成29年の改正後、「分」でなく「パーセント」と表記されるようになった[10]。

地の文では、過去の規定内容に言及する場合も含め、「パーセント」や「％」を使えばよいことになろう（◀29～30頁）。

(7) その他の符号など

そのほか、隅付き括弧（【 】）や「？」「！」などについても若干の言及がある（公用文考え方Ⅰ－5 (1) カ、キ、(2)）。

---

10) 民法第404条と商法第514条が、平成29年法律第44号と平成29年法律第45号によって、民法第404条に統合され、内容も改められた。

6 表記に関するその他の原則

(1) 段落冒頭の1字下げ

　段落の冒頭で1字分の空白を置くことは、重要である。公用文考え方は、「文の書き出しや改行したときには、原則として1字下げする。」としている（公用文考え方Ⅰ-6ア）。

　1字下げをしていない段落が続くと、どこで段落が切れているのか分かりにくく、したがって、読みにくくなる。

　他方で、公的部門においてもインターネット上の発信は重要であり、公用文考え方解説は、「電子メールやSNSにおいては、この限りではない。」などともしている（公用文考え方Ⅰ-6ア解説）。

　1字下げをしない段落が続くと読みにくいことには変わりはないので、上記に続いて、「なお、ウェブサイトを含む解説・広報等では、1字下げの代わりに、段落間を広く空けたり行間に余裕を持たせたりするなど、読み取りやすくするために別の工夫を行うことができる。」とも述べている。

　私も、メールでは、段落冒頭の1字下げはせず、段落と段落の間に空行を入れている。仮に印刷する場合には紙の枚数が多くなる可能性があるが、メールが印刷される確率は低いので、安心して空行を入れている。

　メールやウェブ媒体の場合、1行の字数は読み手が自在に変えることができるので、段落の末尾が行の中間になるか右端になるかを書き手がコントロールすることは、できない。段落の切れ目を明示するには、空行を入れるか、段落の冒頭で1字下げをするか、いずれかが有益であるように思われる[11]。

11) ウェブ媒体での空行（「1行アキ」）について更に考察した例として、安田峰俊『みんなのユニバーサル文章術』（星海社（星海社新書）、令和4年）270〜274頁。

（2）繰り返し符号

　公用文考え方は、「繰り返し符号は、「々」のみを用いる。2字以上の繰り返しはそのまま書く。」としている（公用文考え方I－6イ）。「々」は、「同の字点」と呼ぶ。

　「々」を用いる例として、「並々ならぬ」「東南アジアの国々」「正々堂々」が挙げられている。

　「2字以上の繰り返しはそのまま書く」の例として、「ますます」「一人一人」が掲げられている。

　過去においては、複合語の切れ目に当たる場合にも、「々」が用いられることがあった。例えば、「民主々義」や「○○党々首」などである。それに対し、公用文考え方解説は、そのような場合は、漢字1字の繰り返しであっても、「々」は使わずそのまま書く、としている（公用文考え方I－6イ解説）。「民主主義」や「○○党党首」となる。過去には過去における合理的な理由があったのであろうと推測されるが、現代では、パソコンが勝手に変換してくれるし、前の語が何であるかによって「主義」と「々義」の2通りの表記があり得ることになると検索・置換の際に不便であろう。

（3）見出し番号

　文書の見出しに付ける見出し番号として、公用文考え方は、次のものを例示している（公用文考え方I－6ウ）。官庁や裁判所の文書で、よく見かけるものである。

$$\begin{cases} 第1 \\ 第2 \\ 第3 \end{cases} \begin{cases} 1 \\ 2 \\ 3 \end{cases} \begin{cases} (1) \\ (2) \\ (3) \end{cases} \begin{cases} ア \\ イ \\ ウ \end{cases} \begin{cases} (ア) \\ (イ) \\ (ウ) \end{cases}$$

このような見出し番号の体系を持つ資料を引用する場合、例えば、

「第1」と「1」が連続すると、算用数字が続くので、私は、「第1の1（3）ア」などと、「の」を入れて引用するようにしている。本書で、「公用文考え方Ⅰ－1（3）ア」のように、「の」でなく「－」を入れて引用しているのは、公用文考え方解説がそのように表記しているのに合わせたものである。

「第1、第2、第3、……」には、少々、役所的な味わいがあるのも事実である。法律雑誌の執筆要領では、「第1、第2、第3、……」の代わりに「Ⅰ、Ⅱ、Ⅲ、……」を用いることとしているものが多い。公用文考え方それ自体の見出し番号も、「Ⅰ、Ⅱ、Ⅲ、……」となっている。

以上のこととは別の点として、公用文考え方は、自ら例示した上記の階層構造を杓子定規に適用せず、同じ粒度の項目が「ア、イ、ウ、……」で揃うことを優先している部分がある。つまり、「1、2、3、……」の階層の次に「(1)、(2)、(3)、……」の階層を挟んでいる箇所と、「1、2、3、……」の階層の次に直ちに「ア、イ、ウ、……」の階層に飛んでいる箇所とがある。参考になる工夫である。

(4) 固有名詞の表記

固有名詞は、基本的には、本人の意思に基づいた表記を用いる。表記に関する多くのルールが、固有名詞を別扱いとしている（例えば、公用文考え方Ⅰ－1（1）ウ解説）。

片仮名の会社名でも、特別な表記がされていることで有名なものは多い。例は多く、特定のものだけを掲げるのもどうかと思われるので、あえて例示は省略する。

会社名は「○○シヤッター」と表記しても、普通名詞は「シャッター」と表記する、という例もある。

ある事業分野では特定の漢字を使うことになっている、ということもある。独占禁止法の事件には、「遊技機」の事件と「遊戯銃」の事件がある。

　東京で国の官庁が多い町は「霞が関」であるが、そこにある地下鉄の駅は「霞ケ関」であり、「丸ノ内線」が通っている。別の表記に対する許容度は高いと思われるが、そのようなこともきちんと決まっているものである、と知っておくことが大切である。

　固有名詞の略称は、みだりに使わないほうがよい。また、外部者に略称を使われたくなければ、内部者は自ら略称を使うことにも注意したほうがよいであろう。

　とにかく、固有名詞は、よく確認する必要がある。「ドラエモン」でなく「ドラえもん」である。

（5）電子的な文書での留意事項

　公用文考え方解説は、文字化けを起こしやすい文字についての注意喚起を行っているが、ユニコードを用いると文字化けが起こりにくいことも指摘している（公用文考え方I-6カ解説）。

（6）読みやすいフォント等を選ぶ

　公用文考え方解説は、使用するフォントを工夫すべきことを提唱している（公用文考え方I-6キ解説）。

　フォントもそうであるが、文字の大きさもそうである。最近では特に、パソコンでなく、スマートフォンで電子ファイルが閲覧されることが増えたように思われる。それでも明瞭に読みやすいフォントや文字の大きさはどのようなものであるかを、自覚的に探究すべきであろう。

背景色や文字色にも、読みやすさの観点から、自覚的であったほうがよいと思う。

　結局、読み手がどのような状況で読むのかを常に考える、ということである。

　読み手の側も、将来のため、目の健康に留意することも大切である。紙に印刷したものを読むほうが、目に優しいことが多いと思う。

おわりに

　本書を執筆した背景について、「はじめに」の冒頭で箇条書にした３点のそれぞれに沿い、少し思い出してみた。

1　条文の読み方や扱い方に関すること

　学部１年生・２年生に向けた入門的な授業に、私は、どちらかというと、多めに取り組んでいるほうである。

　その過程で感じるのは、日本の法学教育では、法令の条文を扱うための約束事を教える構えが十分でなく、そしてそれは、日本の法学教育の構造にも原因があるのではないか、ということである。

　日本の法学教育の構造といっても、私が考えているのは難しいことではない。既に存在する条文の解釈と当てはめが中心となっており、条文を書いて、作り、改める、という営みが、思考回路から抜け落ちがちではないか、ということである。

　学生は、条文を書くことはないかもしれないが、答案やレポートで条文を指し示すことは多い。それを「扱い方」と呼ぶとすれば、条文の読み方や扱い方は、法学を学ぶための重要な基盤である。

　ところが、条文を書くということが思考回路から抜け落ちがちであるせいか、条文の読み方や扱い方についても、体系的に教える用意がなく、不確かな見よう見まねが伝承される傾向がある。

　国や地方の法令を、書く、ということは、広く全国で大量に行われている。そのような仕事に携わる人たちに向けた書籍は多い。

　しかし、そのような分野は、大学での法学教育から離れた別世界を形成している。大型書店に行けば、それがよく分かる。そして、

その内容は、法令を書く人たちに向けた高度で技術的な話に軸足を置いており、法学を学ぶ人たち一般には難しい面がある。

　他方で、条・項・号の初歩から枝番号や「第」に至る話は、高度でもなく、条文の読み方や扱い方の基礎知識であると思うが、順を追い、言葉を尽くして説明したものは、あまり見かけない。

　項番号も見出しもない終戦直後の基本法令の話や、それ以外の基本法令が書かれた時期や現代語となった時期の話は、それ自体として面白い上に、現代の法体系の全体像をつかみ、規定密度の相場観を得るためにも、有益であると思う。しかし、そうしたことをまとめ、言葉を尽くして説明したものは、あまり見かけない。

　法学を学ぶ人たちや、何かの理由で法令に接する人たちのため、条文の読み方や扱い方を解説したものが必要である。昔と違い、現代語化された民法や刑法の条文を例文として多用することもできる。そのような解説が少ないのであれば自分で書こう、と考えた。

2　公用文に関すること

　令和4年（2022年）、公用文のガイドラインが一新された。

　公用文のルールには、箸の上げ下ろしまで規定するものという印象があるのか、これに反発したり無関心を装ったりする気風が、法学の界隈に一定割合で存在する。ルールの策定と正統化を行政が主導するものであるため、日本の法学教育の構造との相性が良くなかったという面も、あるかもしれない。

　しかし、公用文考え方を読むと、正確に分かりやすく伝わる文章を書くための様々な知恵が詰まっていることが分かる。現代的な状況を取り入れ、読み手の多様性への配慮も盛り込んでいる。

公用文考え方についても、様々な書籍がある。そして、条文をめぐる状況と似て、それらの多くは、公的機関で実際に公用文を書く人たちに向けられた別世界を形成している。

正確で分かりやすい文章は、ストレスなく仕事を進め、大切なことに頭を使うための基盤となる。公用文考え方は、公的機関だけでなく、広く学生から専門家まで、公用文でない法律文章を書く際にも役立つ。公用文考え方を、公用文でない法律文章を書いてきた経験に基づく心掛けと結び付けて解説すれば、有効なのではないか。そのような解説が少ないのであれば自分で書こう、と考えた。

3　私個人の心掛けに関すること

所属組織の執行部の仕事が再び回ってくることはないであろうと安心していたのであるが、思いがけず、令和3年（2021年）4月から2年の任期で、執行部の役職に就くことになった。

コロナ対応2年目で、難問は大量にあった。執行部の会議は、月2回、対面で行われていたが、それ以外はメールのやり取りである。特に学務（教務とも呼ばれる。）について、執行部や学務系事務部署の人たちが参加する同報メールでの議事整理役を担った。ほとんど誰とも会わず文字だけで、組織全体として未経験のコロナ関係事項に次から次へと対応し、学生や教員に読んでもらう規則や説明文の起案に関与した。日々、文章による伝え方について考えた。

令和4年（2022年）の8月になり、コロナ対応も落ち着いてくると、ようやく、自著について考える余裕が生まれた。そこで、それぞれ令和5年（2023年）の2月と11月に刊行されることになる『独禁法講義 第10版』と『独占禁止法 第4版』の作業に取り組ん

だ。文章の書き方について、改めて、気付くことが多かった。

　昨日には無かったもの。それをお見せしたい。

　技術の発展と社会の激動によって、法学の、日本語の、将来も大きく変容するであろう。しかし、情報科学の高度化に対応するためにも、法律文章の日本語を精密に省察することは必要となるのではないか。この1冊を書いて初めて、次へ進むことができる。

　本書の編集を担当されている弘文堂の木村寿香さんが、本書の執筆をお勧めくださった。枝番号の話や「第」の話に関する私の初期の発信も把握し、また、拙著『独禁法講義』について、文意が1通りに定まるように書かれており、どこが重要な点であるのかがはっきり分かる、などとして、「丁寧で」「伝わる」法律文章を書くための心得を、という提案をされた。『法律文章読本』という書名も、イメージとして、最初からお示しいただいていた。

　当初は、1冊の本を書くほどの蓄積は私にはないように思ったが、上記のような三つの背景の展開があり、どうにか書けた。

　短文SNSで接する皆さんは、私が専門外の世界に視野を広げるきっかけとともに、多くの励ましや教示をくださっている。

　研究室では、引き続き、田中孝枝さんによる支援を受けている。白石弥生をはじめとする家族からも支えられている。

　妻から、今度は御殿は建つのか、と尋ねられた。本人の名誉のために付け加えると、多分、冗談である。

　　令和6年2月

　　　　　　　　　　　　　　　　　　　白石　忠志

事項索引

公用文考え方 索引

各項目の見出しとして、公用文考え方解説の見出しを用いた。

法令漢字使用等 索引

白石 忠志（しらいし ただし）

昭和62年　東京大学法学部卒業
平成 3 年　東北大学助教授（法学部・大学院法学研究科）
平成 9 年　東京大学助教授（法学部・大学院法学政治学研究科）
平成15年　東京大学教授（法学部・大学院法学政治学研究科）
　　　　　現在に至る

著書　『技術と競争の法的構造』（有斐閣、平成 6 年）
　　　『独禁法講義 第10版』（有斐閣、令和 5 年、初版平成 9 年）
　　　『独占禁止法 第 4 版』（有斐閣、令和 5 年、初版平成18年）
　　　『独禁法事例集』（有斐閣、平成29年）

Scrapbox　https://scrapbox.io/jcomp/

ほうりつぶんしょうどくほん
法律文章読本

令和 6 年（2024年）4 月15日　初版 1 刷発行
令和 6 年（2024年）8 月30日　同 5 刷発行

著　者　白　石　忠　志
発行者　鯉　渕　友　南
発行所　株式
　　　　会社　弘　文　堂　　101-0062　東京都千代田区神田駿河台 1 の 7
　　　　　　　　　　　　　　　TEL 03(3294)4801　　振替 00120-6-53909
　　　　　　　　　　　　　　　https://www.koubundou.co.jp
装　丁　青　山　修　作
印　刷　三　陽　社
製　本　井上製本所

ISBN 978-4-335-35992-7